El llanto de la Duquesa Job

I0108859

Manuel Gutiérrez Nájera

El llanto de la Duquesa Job

SOLAR EMPIRE PUBLISHING
LOS ANGELES

Primera edición de Solar Empire Publishing: Febrero 2009

Copyright © 2009 *El llanto de la Duquesa Job*
Copyright © 2009 Solar Empire Publishing

Todos los derechos reservados. Este libro no puede ser reproducido total o parcialmente sin permiso escrito del editor, excepto por un revistero que puede citar pasajes cortos en una revista. Ninguna parte de este libro puede ser reproducida, almacenada en un sistema de recuperación, o transmitida en ninguna forma electrónica, mecánica, fotocopiada, magnetofónica, u otra, sin permiso escrito del editor.

Diseño de portada por John Romero
Ilustración: Koloman Moser, *Mädchenkopf.*
Umschlaggestaltung Ver Sacrum, 204, 1899

www.solarempirepublishing.com

ISBN-13: 978-0692270554
ISBN-10: 0692270558

Impreso en los Estados Unidos de América
Printed in the United States of America

Manuel Gutiérrez Nájera

PRÓLOGO

Manuel Gutiérrez Nájera es el primer introductor en América de las tendencias representadas por Verlaine y Mallarmé en Francia: es el que, ya conscientemente, comunica por primera vez a la poesía mexicana una gran musicalidad y la enriquece con nuevas imágenes y nuevas palabras.

Su temperamento es distinto del de los otros precursores del modernismo en América, pero con ellos tiene algunas características comunes.

Como ellos, fue un espíritu rebelde, individualista, predispuesto para las penas de la vida y con tendencia a exagerar el dolor. Surge en su país solo, obedeciendo a un movimiento de su corazón, y al sentirse aislado de los demás, se desorienta con frecuencia y habla de la voluntad como "palabra mentirosa". El orgullo de soledad coincidió en todos los precursores del modernismo y se tornó en pesimismo y escepticismo. El "mal del siglo" seguía afectando a estos espíritus todavía románticos: así llegaron a despreciar el mundo y a obsesionarse por la idea de la muerte, y habría que recordar aquí que todos lograron su deseo, todos murieron jóvenes.

Gutiérrez Nájera presiente su muerte en su poema "A mi Madre", y en "Para Entonces" exclama:

> "Morir y joven: antes que destruya
> el tiempo aleve la gentil corona.
> cuando la vida dice: "aún soy tuya".
> aunque sepamos bien que nos traiciona."

Nuestro poeta, en un principio, por sus composiciones hondamente religiosas, como "María", "Dios", y en cierto modo, "Pax Animæ" y "Non Omnis Moriar", composiciones místicas con vago sabor de lo infinito, hizo pensar a los católicos de México que ocuparía el lugar que Carpio y Pesado habían tenido en la literatura como salmistas de la religión católica. Pero no fue ese el camino que siguió.

Influenciado por el liberalismo y la ley de Reforma, y por el medio ambiente saturado de escepticismo, fue perdiendo las creencias en los dogmas de la iglesia, que su madre, una ferviente católica, le legara.

No obstante, no llegó hasta el ateísmo, pero sí con frecuencia, en algunos de sus poemas, lo vemos inquiriendo la verdad de sus creencias religiosas.

No tiene esperanza en el porvenir, "tan triste es lo que siente y tan negro lo que ve", que dice:

> "ya no en la dulce dicha, ni en la ventura creo,
> ya sólo me presenta la muerte el porvenir.
>
> La duda con sus garras destroza mi creencia.
> marchita con su aliento las flores de mi amor;
> hay sombras en mi alma, hay luto en mi conciencia,
> la vida es una estrofa del himno del dolor!"

Pero el poeta desea que la duda no siga haciéndolo sufrir. y le dice:

> "¡Aparta, sombra horrible.
> Aparta de mi frente
> Tus alas, que la cubren
> Con fúnebre crespón!
> ¡Aparta, que a mis ojos
> Asoma el llanto ardiente.
> y roto está en pedazos
> Mi triste corazón!"

Y más adelante:

> "¿No sabes que mis dichas
> Destruyes con tu aliento?
> ¿No sabes que mis ojos
> Te miran con pavor?
> ¡Aparta, sombra horrible!
> ¡Aparta, que tu acento
> Resuena en mis oídos
> Cual grito del dolor!"

Otras veces recuerda el bardo la fe de su infancia, esa sencilla religión, como él la llama, que "escucha el hombre en su penar profundo" por los intrincados senderos de la vida.

Gutiérrez Nájera, como Rubén Darío, publicó su primer poema a la edad de trece años; como Rubén Daría, también, aprendió muy joven el francés y fue periodista.

Viajó poco y su vida fue en general tranquila y hogareña; esto afecta grandemente a su obra, que presenta un estilo claro, sencillo y apacible y en la que se nota también la influencia de los autores que solazaron su infancia: fray Luis de León, Juan de Ávila, San Juan de la Cruz, Santa Teresa, etc.

Sus padres fueron devotos y cariñosos siempre con él: es por esto que nos dejó dos poemas: "A mi Padre" y "A mi Madre", como huellas imborrables de lo que significaban para él. El cigarro y la gardenia fueron sus constantes compañeros; su vestido pulcro, elegante, distinguido como su obra. Su bondad disimulaba su fealdad.

Trabajó hasta agotarse: fue poeta, crítico, humorista, costumbrista, cuentista, periodista, y todo de una manera admirable. Escribió en "La Voz de México", un periódico local; en "El Federalista", "El Partido Nacional", "El Renacimiento", "El Mundo Ilustrado" y en muchos otros periódicos que difundían los artículos ingeniosos de nuestro escritor firmados con diferentes pseudónimos: Recamier, Puck, el Cura de Jalatlaco, Juan Lanas, Junius, Perico de los Palotes, y el más famoso de todos sus sobrenombres, "El Duque Job", del que ha dicho el bien conocido costumbrista Ángel de Campo (Micrós) que sólo le fue concedido a nuestro escritor, en la república de las letras, el título de duque, por un favor muy especial que bien, se merecía.

Desgraciadamente, Gutiérrez Nájera gastó mucho talento inútilmente en esa incesante labor periodística. Los periódicos no sólo de México, sino de muchos países de la América del Sur, se lo disputaban; él, por su parte, fundó, en compañía de Carlos Díaz Dufóo, la "Revista Azul", en mayo de 1894. De esta revista se ha afirmado que es para el modernismo americano lo que el prefacio de "Cromwell" de Víctor Hugo para el romanticismo francés. Esta vez fue un periódico el que constituyó un exponente de la nueva escuela. La "Revista Azul" fue un albergue para los escritores que querían alentar todo impulso de novedad y propagar las nuevas tendencias modernistas. En ella colaboraron los poetas más importantes del ciclo modernista: Urbina, Díaz Mirón, Tablada, Nervo; algunos sudamericanos, como Santos Chocano, Rubén Darío, Silva, Martí, etc., y también escribieron en ella notables poetas europeos. Tradujo todas las aficiones literarias de México, que luego se habían de manifestar en la "Revista Moderna."

Gutiérrez Nájera llamó a su revista "Azul", porque pensaba que "en este color hay sol, porque en lo azul hay alas y porque vuelan a lo azul las esperanzas en bandadas; el azul no es sólo un color, es un misterio"... El color azul le fue sugerido seguramente por la revista francesa llamada también "Revue Bleue", más que por el libro "Azul" de Darío, publicado en 1888, pues Gutiérrez Nájera en 1880 había escrito ya un poema titulado "Del Libro Azul". Esta tendencia a hacer símbolos con los colores era una característica de la época. El blanco fue otro de sus colores favoritos, e inspirado en la "Sinfonía en Blanco Mayor", de Gautier, escribe "De Blanco", un bellísimo poema:

"¿Qué cosa más blanca que cándido lirio?
¿Qué cosa más pura que místico cirio?
¿Qué cosa más casta que tierno azahar?
¿Qué cosa más virgen que leve neblina?
¿Qué cosa más santa que el ara divina
                    De gótico altar?"

Y después de darnos toda clase de imágenes blancas, acaba con una muy bella y también muy acertada:

"En sueños ufanos de amores contemplo
Alzarse muy blancas las torres de un templo
y oculto entre lirios abrirse un hogar :
y el velo de novia prenderse a tu frente.
Cual nube de ¡¡'asa que cae lentamente
y viene en tus hombros su encaje a posar."

Gutiérrez Nájera conserva todavía mucho del pasado movimiento romántico, pero de un romanticismo temperado, de un romanticismo que había tocado ya la realidad de la vida. Como los románticos, es intensamente subjetivo, pesimista, elegíaco, y se le ha llamado el "poeta otoñal" por esa melancolía tan romántica que se trasluce en sus versos. Campoamor y Bécquer, Rugo, Musset y Lamartine influenciaron su musa, lo mismo que Verlaine, Gautier y Banville. No desconoció el poeta mexicano ninguna de las corrientes ideológicas de su tiempo que lo impresionaron hondamente, pero también tuvo momentos llenos de personalidad, que no obedecen a ninguna escuela ni a ninguna influencia, sino a su propio ser. Sobre todo, fue un sentimental; sintió cosas profundamente, todo le impresionó y como sensitivo sincero, no pudo sustraerse a las diversas sugerencias del arte de su tiempo. Obedeció así a su temperamento y a su época.

Fue un poeta del amor, de suave y delicado sensualismo, al que su innato buen gusto le impidió llegar a la vulgaridad de sus contemporáneos franceses que trataron estos asuntos. El sentimiento del amor le producía intensa tristeza. En "La Serenata de Schubert", -en mi opinión su obra maestra-, produce estrofas con acentos arrancados a una cuerda que gime constantemente al recuerdo de la amada. Este solo poema hubiera bastado para consagrar a su autor:

> "¡Oh, qué dulce canción! Límpida brota
> Esparciendo sus blancas armonías.
> y parece que lleva en cada nota
> ¡Muchas tristezas y ternuras mías!
> ¡Así hablara mi alma... si pudiera!
> Así dentro del seno,
> Se quejan, nunca oídos, mis dolores!
> Así, en mis luchas, de congoja lleno,
> Digo a la vida: ¡Déjame ser bueno!
>   ¡Así sollozan todos mis amores!"

La novia del poeta entreabre la ventana y le dice "hasta mañana" pero

> "¿Por qué es preciso que la dicha acabe?
> ¿Por qué la novia queda en la ventana?
> y a la nota que dice: "¡hasta mañana!"
> El corazón responde: "¿quién lo sabe?"

"Y la tierna serenata", dice el poeta, "va flotando".

> "En las ondas de plata
> De la atmósfera tibia y transparente.
> Como una Ofelia náufraga y doliente."

La inmensa tristeza y el dolor de ese canto están muy justificados, pues la dicha de ayer no es nunca la de mañana.

"Y lo que tú pensaste que era el sueño.
Fue sueño, ¡pero inmenso!, el de la muerte!

¡Ya nunca volveréis, noches de plata!
Ni unirán en mi alma su armonía,
Schubert, con su doliente serenata,
Y el pálido Musset, con su "Lucía".

Es esta composición tan melodiosa que en realidad parece que su autor trasladó íntegras en ella las cuerdas de la música de Schubert. Esta aspiración de impartir a las palabras la cualidad sugestiva de la música, hallóse cristalizada en esta magnífica serenata de Gutiérrez Nájera. Y no fue la única vez que lo logró nuestro poeta; en muchos otros de sus poem.as también parece que se está oyendo cantar la letra de alguna exquisita melodía, como en el titulado "A la Corregidora", que empieza así;

"Al viejo primate, las nubes de incienso;
Al héroe, los himnos; a Dios, el inmenso
De bosques y mares solemne rumor;
Al púgil que vence, la copa murrina;
Al mártir, las palmas; y a tí -la heroína-
Las hojas de acanto y el trébol en flor."

Este poema fue el último escrito por el poeta y fue pronunciado al colocarse la primera piedra en el monumento que se levantó a la Corregidora Domínguez en el jardín de Santo Domingo.

Fue Gutiérrez Nájera también el poeta de la gracia. En todas sus composiciones -las tristes, las humorísticas, las clásicas- sobresale su cualidad esencial, que es la gracia, y que junto con la naturalidad y sencillez tan características también en él, dan la clave de la sutil elegancia de su obra.

"La Duquesa Job" es un poema lleno de gracia, escrito en ritmo ligero y alado. Tanto esta composición como "Para el Corpiño" y "Para un Menú" nos presentan otro aspecto del poeta: el de la frivolidad, además de constituir verdaderos aciertos estéticos.

En estos poemas humorísticos es en donde más se refleja la influencia francesa, que lo ayudó tanto a inyectar con sangre nueva al españolismo y a rejuvenecer y flexibilizar a la lírica. Su espíritu, pues, se nutre de savia francesa, y por eso don Justo Sierra dijo que la divisa literaria de Gutiérrez Nájera era: "Pensamientos franceses en versos españoles". Su amor por Francia era tan grande que le ofrece un gran tributo de amistad en "Francia y México".

Su temperamento, sereno y delicado, le impidió poemas bélicos; su voz no es para gritar roncos himnos guerreros; lejos de esto, analiza fríamente los defectos de sus compatriotas y aconseja a su patria paz y reflexión.

No obstante esa serenidad aparente, en el fondo fue un hombre atormentado. Los velos de su dulce y amable gracia disimularon a veces sus preocupaciones por el más allá, sus emociones religiosas, sus dudas, sus desesperaciones. Tiene, sin embargo, en muchos de sus poemas, expresiones de angustia hondas y vigorosas. Nuestro poeta fue de la fe ciega en la divinidad, hasta la completa negación del todo, bebiendo su inspiración ya en los manantiales del arte cristiano, ya en los de la poesía pagana, para volver en sus últimos días a cantar a Dios.

"Ondas Muertas" y "Castigadas" son de una ternura elegante y melancólica, que se hace más penetrante y menos suave en "Mis Enlutadas", este sentimiento de la ternura todavía evoluciona más en sus poemas, haciéndose cada vez "menos tierno", y por fin, en "Las Almas Huérfanas" da un grito desesperado que lanza su alma macerada por la duda. En "El Monólogo del Incrédulo" se muestra aún más pesimista, su desesperación crece y en un momento de profundo dolor llega a lo blasfemo:

> "¿Tengo miedo?... ¿Miedo a qué?
> ¿Al Dios cruel que me dio
> Lo que no solicité?
> Pues que sin quererlo entré.
> Salgamos... y se acabó.
>
> Si de un Dios a la presencia
> Llego en saliendo de aquí.
> Puedo decirle en conciencia:
> -No me gustó la existencia...
> ¡Por eso la devolví!"

Este monólogo nos recuerda otro muy famoso en la literatura españo-
la, el de Segismundo, incrédulo de la obra de Calderón de la Barca
"La Vida es Sueño", en el que se afirma que el delito mayor del hom-
bre es haber nacido.

Es tan implacable la angustia que siente nuestro poeta por el conflicto
que se produce en su alma, que reniega de la vida y desea vehemente-
mente la muerte. No obstante, no se atreve a dársela:

> "Mas la vida cautelosa
> Nos ata con duros lazos,
> y en vano la muerte hermosa,
> Como una pálida esposa
> Nos tiende siempre los brazos.
>   Con fin perverso y con maña,
> Nos va enredando la vida
> Entre sus hilos de araña,
> Y, aunque la vida nos daña,
> No encontramos la salida."

Y más adelante exclama:

> "¡Qué vida tan fementida!
> ¡Cuánta es su astucia! ¡El placer
> Nos obliga a dar la vida.
> y a la vida aborrecida
> Nos encadena el deber!"

Piensa en sus padres, a quienes ama, y comprende que si se matara él
mismo, moriría su madre de dolor. El recuerdo de su novia le detiene
también; pero aquí le embarga otra duda: ¿Le ama su novia sincera-
mente?, y él, ¿la ama de la misma manera?

> "Amar y no ser amado
> No es la pena mayor:
> Ver el cariño apagado.
> No amar lo antes amado
> Es el supremo dolor..."

Todo es desesperante para él en la vida y por eso acaba diciendo:

> "O ven más aprisa, ¡oh muerte!

O surge en mi sombra ¡oh Dios!"

Este pensamiento del "El Monólogo del Incrédulo" se repite en "Después", aquí su angustia se hace más atormentadora. No es de extrañarse, pues este poema fue compuesto por el autor acabando de morir su padre, en 1889.

Lamenta no poder creer y anhela el poeta la paz que conoció en su niñez.

"El templo colosal, de nave inmensa,
Está mudo y sombrío:
Sin flores el altar, negro, muy negro:
¡Apagados los cirios!
Señor, ¿en dónde estás? ¡Te busco en vano!...
¿En dónde estás, oh Cristo?
¡Te llamo con pavor porque estoy solo.
Como llama a su padre el pobre niño!...

¡Y nadie en el altar! ¡Nadie en la nave!
¡Todo en tiniebla sepulcral hundido!
¡Habla! ¡Que suene el órgano! ¡Que vea
En el desnudo altar arder los cirios!...
¡Y me ahogo en la sombra... ya me ahogo!
¡Resucita, Dios mío!"

De las desilusiones de la vida nos habla también, pero de una manera simbólica, en "Mariposas":

"¡Así vuelan y pasan y expiran
Las quimeras de amor y de gloria,
Esas alas brillantes del alma,
Ora blancas, azules o rojas!
¿Quién conoce en qué sitio os perdisteis,
Ilusiones que sois mariposas?
¡Cuán ligero voló vuestro enjambre
Al caer en el alma la sombra!"

La lira simbolista la había pulsado ya Gutiérrez Nájera en "Ondas Muertas", en cuya composición comparó admirablemente las obscuras y silenciosas corrientes de su alma con las solitarias y subterráneas corrientes de los ríos.

XX

Volviendo al problema filosófico y religioso que lastimaba su espíritu, hay que citar su composición "Pax Animae". El poeta ha encontrado ya, en cierto modo, paz para su espíritu; pero no es que haya resuelto el problema, sino más bien es una resignación, un propósito de soportar las injusticias de la vida y olvidar lo malo que contiene. Este pensamiento nos lo revela en endecasílabos que, además, son verdaderos aciertos métricos:

"Recordar... Perdonar... Haber amado...
Ser dichoso un instante, haber creído...
Y luego... reclinarse fatigado
En el hombro de nieve del olvido."

No olvida, sin embargo, su tono rebelde de "Después", y de "El Monólogo del Incrédulo", y así afirma:

"¿A qué pedir justicia ni clemencia
-Si las niegan los propios compañeros-
A la glacial y muda indiferencia
De los desconocidos venideros?

¿A qué pedir la compasión tardía
De los extraños que la sombra esconde?
¡Duermen los ecos en la selva umbría
Y nadie, nadie a nuestra voz responde!"

Gutiérrez Nájera, dejando algunas veces estos profundos y lúgubres sentimientos, supo ser también buen poeta descriptivo, pero descriptivo de cosas inciertas y dando interpretaciones individuales, cosa que tiene por explicación su carácter de bardo modernista. En "Tristissima Nox", nos pinta:

"La noche es formidable: hay en su seno
Formas extrañas, voces misteriosas:
Es la muerte aparente de los seres,
Es la vida profunda de las cosas.

Dios deja errar lo malo y lo deforme
En las sombras nocturnas: de su encierro
Salen brujas y fieras y malvados:
En el dormido campo ladra el perro,
Maúlla el gato negro en los tejados,
Pueblan el aire gritos estridentes:
Ya de infeliz mujer es el quejido,

Ya el trote de caballos invisibles
O de salvaje hambriento el alarido;
Plegarias, maldiciones y sollozos."

Este poema, como se ve, es un posible ejemplo de poesía objetiva, como lo es también "Ráfagas", pero son pocas en su obra las composiciones de este género.

Fue, como todos los poetas de su tiempo, poeta de ocasión; escribió composiciones para ser pronunciadas en alguna fecha solemne, y también expresó en álbum galanterías ocasionales. Aunque, generalmente, tratándose de otros poetas menos geniales que él, hay que proscribir esta clase de poemas, con Gutiérrez Nájera debe hacerse una excepción y tomar en cuenta algunos de este género.

Tiene también otras composiciones que tratan otros asuntos diversos de los ya indicados, "Pecar en Sueños", por ejemplo, poema de honda filosofía y de sutil y extrema delicadeza en el verso. En sus versos no hay uno solo que pudiera ser cambiado sin perder mucho en belleza. Hasta en sus canciones menos felices hay deliciosos arpegios de melodía y ensueño. Otra de sus joyas poéticas es "Tres Amantes", que supera a muchas composiciones de otros que han tratado el mismo asunto. "Albores Primaverales" es uno de sus poemas que merece mencionarse; fue quizá sugerido por "Las Golondrinas" de Gustavo Adolfo Bécquer, pues las primeras líneas se parecen mucho.

Gutiérrez Nájera tuvo el dón de imitar la armonía y el ritmo cadencioso de la música. Espíritu ansioso de luz y de porvenir, a esto se debe, muy en particular, el lugar de precursor que ocupa en la lírica modernista.

Como los grandes poetas modernistas, fue él también a buscar enseñanzas en el gran clasicismo español, como lo revelan los tercetos de su "Epístola a Justo Sierra", Las "Odas Breves" fueron compuestas también a la manera clásica y revelan el gusto afinado de su autor y el cuidado de la métrica. Estas odas, como casi todos sus poemas, son majestuosas y distinguidas.

Gutiérrez Nájera, que en el orden moral es cristiano de fondo y epicúreo en la vestidura, es, frente a la naturaleza panteísta, helénico. En todas sus obras hermana la pureza castiza, dándole soltura y variedad, con la versificación armoniosa y con la expresión candorosa y delicada de sus afectos.

Como Darío cuando decía: "Yo nunca aprendí a hacer versos, ello fue en mí orgánico, natural", nuestro poeta también confiesa en "Nada es Mío", que escribe versos por un dón natural. El no experimentó, como Darío, muchas innovaciones métricas: su ideal era más bien enriquecer el idioma y darle mayor encanto musical, lo que logró admirablemente.

Los versos de Gutiérrez Nájera están escritos, la mayor parte de ellos, en 8, 10, 11 y 14 sílabas, aunque hay otros que contienen distinto número.

Tampoco obedeció su arte a una metódica evolución literaria.
No hay en él esa evolución lógica que advertimos en Nervo a través de "Jardines Interiores", "Serenidad" y "Elevación". Empieza "el Duque" siendo romántico; toma un aspecto realista en "Lápida", para volver a ser esencialmente romántico en "La serenata de Schubert". En "Calicot" y "La Misa de las Flores" se muestra otra vez objetivo. Coexisten, pues, y alternan ambas manifestaciones de arte. Siguiendo este camino, encontró nuevas luces y nuevas sonoridades, y en "Nada es Mío" ya nos anuncia esa nueva sensibilidad que tan admirablemente supo impartir a la lírica. Así, en "Las Mariposas", "De Blanco" y "Salmo de Vida", es ya un poeta modernista. Pero en realidad, recordando nuestro recargado y a veces ridículo romanticismo, y tomando en cuenta la claridad de expresión como un esfuerzo de renovación métrica, podría afirmarse que nuestro poeta fue en todas sus composiciones modernista; la sencillez fue su cualidad primordial.

Si en su pensamiento no hay una franca evolución al pasar de un aspecto a otro, no ocurre así en su estilo, en el que sí hay, sin duda alguna, un progreso notable en el cuidado métrico y en el encanto musical. En todos sus poemas nos probó que era un poeta capaz de encerrar las más pobres esencias en los más bellos vasos. Supo jugar con las imágenes y hacer vibrar su espíritu en alegorías y símbolos. Ahondó el sentimiento, contribuyó a afirmar la sensibilidad, embelleció la poesía con su fecunda inteligencia e inspirada imaginación. En cada imagen puso una luz nueva y en cada ritmo un temblor antes desconocido. Fue romántico y observador, simbolista y parnasiano en distintas ocasiones, pero en todas siempre proveedor de belleza. Sus versos, bruñidos, ondulantes, llenos de filigranas y colores sensuales y místicos, tienen el poder de despertar infinitas sensaciones. Dibujó y coloreó la imagen con delicadeza y hechizo mágico. Para la graduación de matices, que es una de las principales cualidades simbolistas, tuvo una sensibilidad deliciosa y vibrante.

Aunque el modernismo siguió más tarde caminos distintos de los que hubiera trazado este poeta, permanecerá él siempre como un anunciador, como el precursor por excelencia de la lírica modernista en México.

Marta Candano
1931

A MI MADRE

¡Madre, madre, si supieras
Cuántas sombras de tristeza
                Tengo aquí!
Si me oyeras, y si vieras
Esta lucha que ya empieza
                Para mí!

Tú me has dicho que al que llora
Dios más ama; que es sublime
                Consolar:
Ven entonces, madre y ora;
Si la fe siempre redime,
                Ven á orar!

De tus hijos el que menos
Tu cariño merecía
                Soy quizás;
Pero al ver cual sufro y peno
Has de amarme, madre mía
                Mucho más.

¡Te amo tanto! Con tus manos
Quiero á veces estas sienes
                Apretar!
Ya no quiero sueños vanos:
Ven ¡oh, madre! que si vienes
                Vuelvo á amar!

Sólo, madre, tu cariño,
Nunca, nunca, se ha apagado
Para mí!
Yo te amaba desde niño;
Hoy la vida he conservado
Para ti!

Muchas veces, cuando alguna
Pena oculta me devora
Sin piedad,
Yo me acuerdo de la cuna
Que meciste en la aurora
De mi edad.

Cuando vuelvo silencioso
Inclinado bajo el peso
De mi cruz,
Tú me ves, me das un beso
Y en mi pecho tenebroso
Brota luz!

Ya no quiero los honores;
Quiero sólo estar en calma
Donde estás;
Sólo busco tus amores;
Quiero darte toda mi alma...
Mucho más!

Todo, todo, me ha dejado;
En mi pecho la amargura
Descansó;

Mis ensueños me han burlado,
Tu amor sólo, por ventura
                    Nunca huyó!

  Tal vez, madre, delirante,
Sin saber ni lo que hacía
                    Te ofendí.
¿Por qué, madre, en ese instante,
¿Por qué entonces, vida mía,
                    No morí?

  Muchas penas te he causado
Madre santa, con mi loca
                    Juventud:
De rodillas á tu lado
Hoy mi labio sólo invoca
                    La virtud.

  Yo he de ser el que sostenga
Cariñoso tu cansada
                    Ancianidad;
Yo he de ser quien siempre venga
Á beber en tu mirada
                    Claridad.

  Si me muero — ya presiento
Que este mundo no muy tarde
                    Dejaré,—
En la lucha dame aliento,
Y á mi espíritu cobarde
                    Dale fe.

Nada tengo yo que darte;
Hasta el pecho se me salta
De pasión
Sólo, madre, para amarte
Ya me falta, ya me falta
Corazón!

1878

A MI PADRE

Padre: en las recias luchas de la vida,
Cuando mi pobre voluntad flaquea,
¡Quién, sino tú, me alienta en la caída?
¡Quién, sino tú, me ayuda en la pelea?

Todo es mentira y falsedad y dolo.
Todo en la sombra por la espalda hiere;
Sólo tu amor ¡oh, paire! tu amor sólo
No tiene engaño, ni doblez, ni muere!

En mi conciencia tu palabra escucho,
Conmigo siempre por doquier caminas;
Gozas si gozo; cuando sufro mucho,
Sin que yo te lo diga, lo adivinas.

¡Ay! ¿Qué fuera de mí sin tu consuelo?
¡En este mundo mi ventura ¡ oh, padre!
Consiste sólo en aspirar al cielo,
Tu dulce amor y el de mi santa madre!

1877

A JUSTO SIERRA

Después de leer su «Epístola al autor de *Los murmurios de la selva*.»

¿Por qué á la musa del dolor, huraña,
Ha de volver el rostro quien tranquilo
En limpia fuente de Tibur se baña?

Si en pobre choza, de quietud asilo,
Vive en paz con la vida, cante ufano
Los amores de Myrtis y Batilo.

Sabio es quien logró, por modo arcano.
Redivivas mostrar las criaturas
Del arte más hermoso: del pagano.

Prudente quien no busca las obscuras
Bóvedas de los claustros ni sondea
Del triste corazón las desventuras.

¡Aspire luz la voladora idea
Y de Blandusia en el cerrado huerto
Abeja de oro entre los mirtos sea !

No pienses, nauta, en el ignoto puerto
Ni busques en el mar alborotado
De náufraga ilusión el cuerpo muerto.

Bien sé que nuestro espíritu, agitado
Por recias olas del dolor, combate
Con los recuerdos vivos del pasado.

Bien sé que el corazón instante late.
Como quien llama á la insensible reja
De su cárcel, ansioso de rescate.

¡Todo es clamor de angustia, todo queja,
Y el antiguo ideal flota lejano
Como vela muy blanca que se aleja

En la muda extensión del océano!
¡Todo es congoja en la conciencia y duda,
Todo es naufragio en el dolor humano!

¿No miras á la Fe? Virgen desnuda,
Cayó, del barco, á los revueltos mares,
Y no hay marino que á salvarla acuda.

La abandonan los dioses tutelares,
Y como á solitaria, única roca.
Se encarama convulsa á los altares;

Allí se acoge, compasión invoca,
Pero la mar rugiente sube fiera,
Y ya sus plantas encogidas toca...

¡Ay! De salvarla el hombre desespera,
Y en tan profundo y triste abatimiento
La esperanza no sabe lo que espera!

A la tierra se inclina el pensamiento,
Gomo el sauce á la tumba; las zagalas
Ya su tierna canción no dan al viento.

Para subir al cielo no hay escalas
Y el alma enferma, que volar solía.
Fuerzas no tiene para abrir las alas.

Plañidera infeliz, la poesía
Lamenta con acento gemebundo
De sus dioses, ya idos, la alegría.

Guarda el Olimpo un ángel iracundo;
Y del espacio en la tiniebla inmensa
No asciende, rueda para siempre el mundo!

¿Para qué interrogar la sombra densa?
En medio del dolor y de la duda
El arte es nuestra sola recompensa.

La belleza es verdad: abra desnuda,
Gomo Fryné, los brazos, y olvidemos...
La noche ha sido eternamente muda!

¿A dónde va la barca? No sabemos!
Arrástrela á su antojo la corriente,
Y tú, para cantar, suelta los remos.

No claves la mirada en el Oriente:
Ya no aguarda, cual antes, á la Aurora,
Y en tocas de viudez hunde la frente!

Busca á la soberana redentora
Que es luz en nuestra noche de tristeza,
De «murmurante selva», habitadora.

¿No es acaso divina la belleza
Y consuelo inmortal la poesía
Que brota de la gran naturaleza?

Ella vierte en los pechos alegría,
Y recostados en su blanco seno,
Dormir podemos al caer el día.

Si el aire tiembla con la voz del trueno,
Ella dice al poeta: — todo es canto,
Todo es amor y vida, todo es bueno!

Es verdad que del templo sacrosanto
A los verdes y ocultos bosquecillos
Ya no vienen las ninfas, suelto el manto.

La cigarra no canta en los tomillos,
Ni miramos, grabada en cornalina,
La imagen de Afrodita en los anillos.

No celebra las gracias de Corina
El tierno Ovidio, ni se llega al puerto
En voladora barca marfilina.

De Kiprisel altar quedó desierto,
En largo sueño Anakreón reposa,
Y Eres agonizante, si no muerto.

¡Ay! A la musa del placer hermosa
Estro mil veces le pedí y amparo
Con suplicante voz y clamorosa.

—Huyan de ti— la dije —el mozo ignaro,
El que á bárbaros dioses obedece,
El sabio enjuto y el canijo avaro.

Muere la vida apenas amanece,
Y yo como el poeta venusino
Busco las dichas que el placer ofrece.

Deja, pues, que las cante y al divino
Apolo Smynteo, amor de los helenos,
Húrtale para mí laurel y encino.

Pueblan el bosque Ninfas y Silenos
Y, de pámpano y yedra coronados,
Vuelvan los viejos dioses, ¡que eran buenos!

— ¡Así clamé! Los Númenes sagrados
Dejándome en el bosque entenebrido
Huyeron presurosos v callados.

Silente obscuridad había caído
De los cielos... ¡ni un astro ni una hoguera!
Y por los perros de Hécate seguido,

Engrifada la hirsuta cabellera,
Corvo y velludo sátiro corría
La hojarasca aplastando en su carrera.

Ninguno á mis clamores respondía,
Y el cedro, envuelto en toga tenebrosa,
Llamarme con sus brazos parecía.

Entonces exclamé: —¡Cuan venturosa
El alma del poeta á quien perfuma
La musa antigua con su olor de rosa!

¿Cómo ha de convertir á nuestra bruma
Los ojos, si los cisnes de Afrodita
Para que idilios trace, le dan pluma?

En él Virgilio, cual un dios, habita
Y cuando á Horacio sonriendo llama,
Horacio acude á la sagrada cita.

El dios de Klaros en verdad le ama,
Y ya su copa, de oro cincelado,
Hebé, para escanciársela, reclama.

¡Dichoso él, y mil veces desgraciado
Quien con la musa descreída brega
Y ver quiere, insensato, en el nublado!

Él con las Gracias y las ninfas juega,
Y es el rendido, venturoso amante
De la musa latina y de la griega.

Déjale, pues, en su Tibur fragante,
Mientras pensando en el problema eterno.
Nosotros vemos al obscuro Dante
Inclinado en la cima del infierno.

1888

ALBORES PRIMAVERALES

Otra vez á las puertas
De mi ventana
Tocan las golondrinas
Por la mañana;
Y allí cantando
De mi tranquilo sueño
Vánme arrancando.

Mensajeras de auroras
Primaverales,
Alados trovadores
De los rosales,
¡Bendito el día
En que llegó á mi oído
Vuestra armonía!

Venid; en aquel muro
Ya derruido,
Aun se conserva el hueco
De vuestro nido,
Y tras la loma
Con su canto os saluda
Tierna paloma.

¿Recordáis? Otro tiempo
Bajo la parra,
Escuchando los sones
De la guitarra
Yo os contemplaba,
Y al oír vuestro canto
Me embelesaba.

Bajo fresca techumbre
De limoneros,
Rodeada por bosques
De cocoteros,
Pobre cabaña
Mirábase en la orilla.
De la montaña.

Sus blanquecinos muros
Lamía ansioso
El río que serpeando
Corre anchuroso,
Y á sus ventanas
La luz mandaba un beso
Por las mañanas.

En la puerta de aquella
Pobre casita,
Incrustada en el muro
La cruz bendita
¡Ay, parecía
Que con sus santos brazos
La protegía!

¡Ay, mi casita blanca,
Mis limoneros,
Mis bosques majestuosos
De cocoteros!
¡Ay, mis rosales
Mis dorados naranjos,
Mis cafetales!

Cucuyos escondidos
     Entre el follaje,
Ruiseñores ocultos
     En el boscaje;
     Ondas del río
Reflejando las chozas
     Del caserío;

Cielo diáfano y puro
     De la montaña,
Humo blanco que sale
     De mi cabaña;
     Pálida luna
Que riela en las ondas
     De la laguna;

¿Por qué ya no os encuentro
     Como solía?
¿Por qué doquiera miro
     Nube sombría,
     Y las campanas
No repican alegres
     Por las mañanas?

¡Qué negro está el Oriente!
     ¡Qué triste el valle!
¡Cómo inclina la palma
     Su esbelto talle!
     ¡Y los turpiales
Cómo lloran ocultos
     En los juncales!

Murmuran los arroyos
        Lánguida queja,
Se marchitan las flores
        Que hay en mi reja;
        Vésper no brilla
Y gimen las palomas
        Junto á la orilla.

Negro sudario cubre
        Mi pobre huerto,
Del templo las campanas
        Tocan á muerto;
        Y en los hogares
Cual antes no se escuchan
        Tiernos cantares.

Agitan mil fantasmas
        El aire denso,
El espacio semeja
        Féretro inmenso,
        ¡Ya todo es ido!
Al perder la esperanza
        Todo he perdido.

Golondrinas del alma,
        Las ilusiones
Animan un momento
        Los corazones;
        Mas huyen luego
Dejando en las pupilas
        Llanto de fuego.

Con las blancas auroras
Primaverales,
Vuelven las golondrinas
A los nogales;
Sólo el invierno
De alma sin ilusiones,
¡Ay, es eterno!

1877

A LA CORREGIDORA

Al viejo primate, las nubes de incienso;
al héroe, los himnos; a Dios, el inmenso
de bosques y mares solemne rumor;
al púgil que vence, la copa murrina;
al mártir, las palmas; y a ti -la heroína-
las hojas de acanto y el trébol en flor.

Hay versos de oro y hay notas de plata;
mas busco, señora, la estrofa escarlata
que sea toda sangre, la estrofa oriental:
y húmedas, vivas, calientes y rojas,
a mí se me tienden las trémulas hojas
que en gráciles redes columpia el rosal.

¡Brotad, nuevas flores! ¡Surgid a la vida!
¡Despliega tus alas, gardenia entumida!
¡Botones, abríos! ¡Oh mirtos, arded!
¡Lucid, amapolas, los ricos briales!
¡Exúberas rosas, los pérsicos chales
de sedas joyantes al aire tended!

¿Oís un murmullo que, débil, remeda
el frote friolento de cauda de seda
en mármoles tersos o limpio marfil?
¿Oís?...¡Es la savia fecunda que asciende,
que hincha los tallos y rompe y enciende
los rojos capullos del príncipe Abril!

¡Oh noble señora! La tierra te canta
el salmo de vida, y a ti se levanta
el germen despierto y el núbil botón,

el lirio gallardo de cáliz erecto,
y fúlgido, leve, vibrando, el insecto
que rasga impaciente su blanda prisión.

La casta azucena, cual tímida monja,
inciensa tus aras; la dalia se esponja
como ave impaciente que quiere volar;
y astuta, prendiendo su encaje a la piedra,
en corvos festones circunda la yedra,
celosa y constante, señora, tu altar.

El chorro del agua con ímpetu rudo,
en alto su acero, brillante y desnudo,
bruñido su casco, rizado el airón,
y el iris por banda, buscándote salta
cual joven amante que brinca a la alta
velada cornisa de abierto balcón.

Venid a la fronda que os brinda hospedaje
¡oh pájaros raudos de rico plumaje!
Los nidos aguardan: ¡venid y cantad!
Cantad a la alondra que dijo al guerrero
el alba anunciando: ¡Desnuda tu acero,
despierta a los tuyos... Es hora... Marchad!

1895

A LA SEÑORITA ELENA ITUARDE Y MORENO

En su álbum

Como templo es tu álbum: por sus naves
Sólo deben cruzar las almas buenas:
En sus ojivas, anidar las aves,
¡Y erguirse en el altar las azucenas!

Como templo es tu álbum: en sus muros,
De mármol transparente fabricados,
Desde sus nichos, tímidos y puros,
Los ángeles te ven arrodillados.

Tú ocupas el altar: virgen hermosa,
Como el ángel Gabriel en la belleza,
Entre tus manos de marfil y rosa
Muestras el lirio azul de la pureza.

No soy digno de entrar en el Santuario:
No tocarán mis plantas su recinto,
Ni mi convulsa mano el incensario
Donde arde y se consume el terebinto.

Déjame, pues, que del cancel de plata
Abra la cincelada puertecilla
Y en el mármol de la ancha escalinata
Doble calladamente la rodilla.

1890

A SALVADOR DÍAZ MIRÓN

Tienes en tu laúd cuerdas de oro
que el soplo del espíritu estremece,
y tu genio, como un alto sicomoro,
entre borrascas y huracanes crece.

No te brinda la musa sus favores
entre mirtos y rojas amapolas:
cuando quieres gozar de sus amores
la acechas, la sorprendes y la violas.

Tu verso no es el sonrosado efebo
que en la caliente alcoba se afemina:
vigoroso como Hércules mancebo
acomete, conquista y extermina.

El mar es como tú: con su ruido
de tus estrofas la cadencia iguala;
refleja el cielo cuando está dormido
y en sus momentos de furor lo escala.

1886

A UN TRISTE

¿Por qué de amor la barca voladora
con ágil mano detener no quieres
y esquivo menosprecias los placeres
de Venus, la impasible vencedora?

A no volver los años juveniles
huyen como saetas disparadas
por mano de invisible Sagitario;
triste vejez, como ladrón nocturno,
sorpréndenos sin guarda ni defensa,
y con la extremidad de su arma inmensa,
la copa del placer vuelca Saturno.

¡Aprovecha el minuto y el instante!
Hoy te ofrece rendida la hermosura
de sus hechizos el gentil tesoro,
y llamándote ufana en la espesura,
suelta Pomona sus cabellos de oro.

En la popa del barco empavesado
que navega veloz rumbo a Citeres,
de los amigos el clamor te nombra,
mientras, tendidas en la egipcia alfombra,
sus crótalos agitan las mujeres.

¡Deja, por fin, la solitaria playa,
y coronado de fragantes flores,
descansa en la barquilla de las diosas!
¿Qué importa lo fugaz de los amores?
¡También expiran jóvenes las rosas!

AMA A PRISA

*A mi bueno y querido
amigo Francisco de
Garay y Justiniani*

Mientras ufana la risa
de tus labios no se aleje,
si quieres que te aconseje
¡ama aprisa!

Con raudo mariposeo
se va de ésta a aquella flor,
en las alas del deseo
libando el licor hibleo
del amor.

¡Seres y cosas felices
jamás tuvieron raíces!
Se ven marchitas las rosas
y mustias las margaritas…

¡Pero no se ven marchitas
ni alondras ni mariposas!
Con gentileza y donaire
se paran en donde quieren,
y cuando al cabo se mueren
su libre tumba es el aire.

¡Sé como ellas
mientras tu destino rijas!...
Por verse en el cielo fijas
están tristes las estrellas.

Ama a cuantas
te quieran también amar,
porque siendo tantas, tantas
¡no las podrás recordar!

¡Ama al vuelo!...
que sólo las almas malas
están prendidas al suelo:
¡todo lo que sube al cielo
tiene alas!

Hoy, aquí; mañana, allá;
sin locura ni pasión
como quien de paso va
y seguro de que está
en casa su corazón;
haz la amorosa comedia
o la comedia divina...
¡Mas córtala si declina
en tragedia!

¡Todo en risa, todo en risa!
¡Todo entre galán y dama!
Sin amar a todas ama...
pero aprisa, muy aprisa.
Que así, yendo sin cesar
de esta flor a aquella flor,
cuando te quiera buscar
no te encontrará el dolor.
Mas ¡ay! que en esta infinita
mudanza eterna del alma
todo nuestro ser agita

sed insaciable de calma.
Sé para el amor travieso
en labios de hermosas locas,
y allí conoce las bocas…
¡pero no conoce el beso!
En las breñas del camino
se queda el alma cansada,
como túnica de lino
por las zarzas desgarrada.

Noche helada
cae al campo solitario,
como las noches del polo,
y envuelto en ese sudario
queda el espíritu solo.

Quiso Dios
que abran las almas el vuelo;
más sólo llegan al cielo
las que van de dos en dos.

Las otras vagan errantes,
en el espacio perdidas…
Pero, muertos o inconstantes,
ya no vendrán los amantes
de esas blancas prometidas.
Busca, busca a la mujer
que da paz al pecho herido,
y en llegándola a tener,
forma un nido.

¡Los pájaros son muy sabios!
Huye la risa de prisa,

y cuando se va la risa
¡qué secos quedan los labios!
No vuelan las ilusiones
ni ostentan sus ricas galas
sino teniendo par alas
dos alas de corazones.

Haz pues lo que te aconsejo;
como la hermosa un espejo,
así el alma busca ansiosa
otra alma tierna y amada,
y sólo se mira hermosa
si en ella está retratada.

Intranquilo cazador
que marchas entre las flores,
sabe que huyen los amores
y que es eterno el amor.
Y mientras para él no existe,
pierde el mirto su follaje
y aparece enfermo y triste;
mas ya verás cual se viste
en mayo, con rojo encaje.

Impacientes las palomas
vuelan por valles y lomas
de libres hacienda alarde
con caprichoso volar,
pera cuando cae la tarde,
regresan al palomar.

1888

CALICOT

A Anselmo Alfaro

— Abre la puerta, portero,
Que alguno tocando está.
— Es el amigo cartero.
— En su gran bolsa de cuero,
Mi buen amigo el cartero
                    ¿Qué traerá?

Ha diez años vivo ausente
De casa: ¿me escribirán?
¡Abre, que estoy impaciente!
¿Qué dirán al pobre ausente
Los que tan lejos están?
                    ¿Qué dirán?—

Entra á la pobre casucha;
Sube listo la escalera,
Y se quita la cachucha
Y desata la cartera.
                    ¡Ya está aquí!
Ya está la carta cerrada
Que mi madre idolatrada
Habrá escrito para mí!
                    ¡Ya está aquí!

Con ojos que nubla el llanto
Se pone el pobre á leer,
Pero á veces llora tanto
Que casi no puede ver.

¿Qué será?
Lo que le escriben al mozo,
Cuando, lanzando un sollozo,
Grita: Mamá! mi mamá!

  Las manos, lacias y flojas,
Abre en hondo desconsuelo,
Y déla carta las hojas
Caen arrugadas al suelo.
Ya no es posible que acabe
De leerla; ¡ya no ve!
¿Para qué, si ya lo sabe?
              ¿Para qué?

  Besa el enlutado sobre
Y rompe el mozo á llorar...
¡Diez años hace que el pobre
Dejó su tierra y su hogar!
¡Diez años hace, diez años.
Salió á buscarse la vida...
Bajo los altos castaños
¡Qué triste es la despedida!

La madre le dio un rosario,
El padre un abrazo estrecho...
Y hoy al verse solitario,
¡Con qué ansia el pobre rosario
Oprime contra su pecho!

A América le mandaron.
Con ahinco trabajó,
Y meses y años pasaron
Para el pobre *calicot*!

¿A qué seguir la porfía?...
La madre que le quería
                    Se murió!
Vendiendo cintas y gorros
Fué su trabajo fecundo;
Pero ya solo en el mundo
¿De qué sirven sus ahorros?

  ¿Quién los ojos de mi anciana
Buena madre cerraría?
¿Quién la humilde cruz cristiana
En las manos le pondría?
Le esperaba mi buen padre...
A mirarlo no volví!...
Hoy también mi santa madre
                    Duerme allí!

  ¿Por qué á América me enviaron?
¿Por qué el campo no labré?
Mis amigos me olvidaron,
A mis padres no enterré!
Los proyectos que formaba
La experiencia destruyó,
Y una joven que yo amaba
Ya con otro se casó!...
Compañeros de montaña,
Que fortuna codiciáis,
Á la triste tierra extraña
                    No vengáis!

  Así el mozo soliloquia,
Recordando en su quebranto

El humilde camposanto
Que domina la parroquia.
Ya los últimos luceros
La mañana disipó...
Pasan ya tus compañeros...
                    Al trabajo, calicot!

1880

CARTA ABIERTA

Tiene el amor su código, señora,
y en él mi crimen pago con la vida.
Así es mi corazón: ama una hora,
es amado después y luego olvida.

En este tren expreso en que viajamos,
aman siempre el vapor los corazones,
que así como el trayecto que cruzamos
tiene el alma también sus estaciones.

¿Quién detiene en su giro a la veleta?
¿Quién a sus plantas encadena el viento?
¿Dónde se halla el Alcides que sujeta
al Ícaro inmortal del pensamiento?

Amor... Cada alborada que amanece
de nuestros sueños en la bruma vaga,
se derrama en los aires, crece, crece,
y cuando vamos a mirar se apaga.

Soñamos con amor, y nos agita
la volcánica lava del deseo:
matamos nuestro amor, y resucita
con las múltiples formas de Proteo.

Hoy es una mujer que nos adora;
mañana una mujer que nos desdeña,
y mientras más por el amor se llora,
con más ahínco en el amor se sueña.

Así es el hombre! Tántalo que tiene
la sed del ideal, la poesía:
una mujer a su camino viene
y exclama el corazón: ¡Esa es la mía!

Es suya esa mujer, los goces nacen,
la ve, la palpa, sus mejillas besa...
Las alas del querube se deshacen
y exclama el corazón: ¡No! ¡No era ésa!

No dañan las escarchas del invierno
al árbol que sin hojas ha quedado,
así el amor, para que viva eterno,
tiene que ser por fuerza desgraciado.

Tú, sí, dolor, los sueños eternizas;
tú, sólo tú, de la creación monarca;
tú que formar supiste con cenizas
la escultórica Laura de Petrarca.

¡Qué estéril es la dicha! Si su nido
al Taso hubiera abierto tentadora,
¡cómo se hubiera al fin desvanecido
la pálida silueta de Leonora!

¡Amor es un laúd, es una lira
que vibra en el espacio y enmudece.
Amor es una Ofelia que suspira...
No la queráis tocar... ¡Se desvanece!

Ya veis, señora, que si el crimen mío
fue el querellaros una vez de amores,

me ha sorprendido de la noche el frío
sin una estufa en que abrigar mis flores.

Como es muy triste el sol en el ocaso
el apurar la dicha me da miedo.
Sois hermosa y feliz, me amáis acaso...,
os quisiera querer, pero no puedo.

Busco las dichas del hogar sencillas,
para eso guardo mi postrer cariño,
yo quiero que descanse en mis rodillas
la rubia cabecita de algún niño.

Dejad que busque luz para mi noche,
si la pasión con sus fulgores pierdo,
y no arrojéis la gota del reproche
en el sublime néctar del recuerdo.

1882

¡CASTIGADAS!...

Como turba de alegres chiquillas
que en tropel abandona la escuela,
y cantando, cual pájaros libres,
á su casa de tarde regresan,
tras el largo trabajo del día,
siempre vivas, garbosas y frescas,
regresabais á mi alma, ilusiones,
coronadas de mirto y verbena.
¡Qué de flores hermosas traíais!
¡Cuán henchida de frutas la cesta!
En los labios, ¡qué risas tan dulces!
En el alma, ¡qué nobles promesas!
Aun os miro, mis pobres hijitas,
impacientes tocar á la puerta,
y con ansia de hacerme cariños
muy aprisa subir la escalera.
— ¡Qué me traes, botoncito de rosa?
— Este ramo de azules violetas...
— ¿Qué me da la señora de casa?
— Su boquita de grana que besa.
— Ya venís de cazar mariposas;
os aguarda caliente la cena,
y mañana, cantando felices,
volveréis muy temprano á la escuela.

Hoy despacio venís y enlutadas,
poco á poco subís la escalera,
con los párpados tiernos muy rojos,
huerfanitas, calladas y enfermas.
Ilusiones ¡qué mala es la vida!
la esperanza del bien ¡qué embustera

y ¡cuán tristes, con cuánto cansancio
volveréis de mañana á la escuela!

Ni una flor en el búcaro roto...
Los que vienen aquí se las llevan!
Como todo en la casa está triste,
las palomas huyeron ligeras!...
Ya no agitan sus alas de nieve,
despertando á la luz mis ideas;
no son aves de rico plumaje,
no retozan, ni cantan, ni vuelan!
¿No lo veis? Por un claustro sombrío
en la noche silente, atraviesan,
con la toca y el hábito negros
y en las manos la pálida vela.
Van al coro sin verse ni hablarse,
sola, obscura, se mira la iglesia...
¡Cuán heladas las losas de mármol
y cuan dura la fúnebre reja!
¡Oh mis monjas! del mundo olvidadas
paso á paso volvéis á la celda.
y en el lecho, cruzados los brazos,
silenciosas quedáis como muertas.

¿Por qué en monjas de lúgubres tocas
se trocaron las niñas traviesas?
Ilusiones, ¿por qué os castigaron?
¡Pobrecitas... yo sé que sois buenas.
Sólo amor y ternura pedíais,
sólo os dieron engaño y tristeza;
Ilusiones... ¿por qué os castigaron?
¡Pobrecitas!... yo sé que sois buenas!

1889

DIOS

Los mares en tormenta ó en bonanza
Nos revelan, Señor, tu omnipotencia;
Y los astros nos dicen tu alta ciencia,
Y las aves nos cantan tu alabanza.

La tempestad, Señor, es tu venganza;
Tu mirada amorosa, la clemencia;
Tu santuario del justo, la conciencia;
Y tu dulce sonrisa, la esperanza.

No puede el hombre concebir tu alteza,
Y el azul pabellón del firmamento
Un reflejo sólo es de tu grandeza:

En todo está tu poderoso aliento,
Y es un canto á tu amor Naturaleza,
Y un canto á tu saber el Pensamiento.

1877

DE BLANCO

¿Qué cosa más blanca que cándido lirio?
¿Qué cosa más pura que místico cirio?
¿Qué cosa más casta que tierno azahar?
¿Qué cosa más virgen que leve neblina?
¿Qué cosa más santa que el ara divina
de gótico altar?

¡De blancas palomas el aire se puebla;
con túnica blanca, tejida de niebla,
se envuelve a lo lejos del feudal torreón;
erguida en el huerto la trémula acacia
al soplo del viento sacude con gracia
su níveo pompón!

¿No ves en el monte la nieve que albea?
La torre muy blanca domina la aldea,
las tiernas ovejas triscando se van,
de cisnes intactos el lago se llena,
columpia su copa la enhiesta azucena,
y su ánfora inmensa levanta el volcán.

Entremos al templo: la hostia fulgura;
de nieve parecen las canas del cura,
vestido con alba de lino sutil;
cien niñas hermosas ocupan las bancas,
y todas vestidas con túnicas blancas
en ramos ofrecen las flores de abril.

Subamos al coro: la virgen propicia
escucha los rezos de casta novicia,
y el Cristo de mármol expira en la cruz;

sin mancha se yerguen las velas de cera;
de encaje es la tenue cortina ligera
que ya transparente del alba la luz.

Bajemos al campo: tumulto de plumas
parece el arroyo de blancas espumas
que quieren, cantando, correr y saltar;
la airosa mantilla de fresca neblina
terció la montaña: la vela latina
de barca ligera se pierde en el mar.

Ya salta del lecho la joven hermosa,
y el agua refresca sus hombros de diosa,
sus brazos ebúrneos, su cuello gentil;
cantando y risueña se ciñe la enagua
y trémulas brillan las gotas de agua
en su árabe peine de blanco marfil.

¡Oh mármol! ¡Oh nieve! ¡Oh inmensa blancura
que esparces doquiera tu casta hermosura!
¡Oh tímida virgen! ¡Oh casta vestal!
Tú estás en la estatua de eterna belleza,
de hábito blanco nació la pureza,
¡al ángel das alas, sudario al mortal!

Tú cubres al niño que llega a la vida,
coronas las sienes de fiel prometida,
al paje revistes de rico tisú.
¡Qué blancos son, reinas, los mantos de armiño!
¡Qué blanca es, oh madres, la cuna del niño!
¡Qué blanca, mi amada, qué blanca eres tú!

1888

DESPUÉS...

¡Sombra, la sombra sin orillas, esa
      Que no ve, que no acaba...
La sombra en que se ahogan los luceros.
Esa es la que busco para mi alma!
Esa sombra es mi madre, buena madre,
      Pobre madre enlutada!
Esa me deja que en su seno llore
Y nunca de su seno me rechaza...
¡Dejadme ir con ella, amigos míos.
      Es mi madre, es mi patria!

¿Qué mar me arroja? ¿De qué abismo vengo?
      ¿Qué tremenda borrasca
Con mi vida jugó? ¿Qué ola clemente
      Me ha dejado en la playa?
¿En qué desierto suena mi alarido?
¿En qué noche infinita va mi alma?
¿Por qué, prófugo, huyó mi pensamiento?
      ¿Quién se fué? ¿Quién me llama?
¡Todo sombra! ¡Mejor! ¡Que nadie mire!
¡Estoy desnudo! ¡Ya no tengo nada!

Poco á poco rasgando la tiniebla,
      Como puntas de dagas,
Asoman en mi mente los recuerdos
Y oigo voces confusas que me hablan.
No sé á qué mar cayeron mis ideas...
      Con las olas luchaban...
¡Yo vi cómo convulsas se acogían
      Á las flotantes tablas!

La noche era muy negra... el mar muy hondo...
        ¡Y se ahogaban... se ahogaban!
¿Cuántas murieron? ; Cuántas regresaron,
Náufragos desvalidos, á la playa?
.... ¡Sombra, la sombra sin orillas, esa,
Esa es la que busco para mi alma!

  Muy alto era el peñón cortado a pico,
        Sí, muy alto, muy alto!
Agua iracunda hervía
En el obscuro fondo del barranco.
¿Quién me arrojó? Yo estaba en esa cumbre.
        ¡Y ahora estoy abajo!
Caí, como la roca descuajada
        Por titánico brazo.
Fui águila tal vez y tuve alas...
        ¡Ya me las arrancaron!
Busco mi sangre, pero sólo miro
        Agua negra brotando;
Y vivo, si, mas con la vida inmóvil
        Del abrupto peñasco...
¡Cae sobre mí, sacúdeme, torrente!
¡Fúndeme con tu fuego, ardiente rayo!
¡Quiero ser onda y desgarrar mi espuma
        En las piedras del tajo...
Correr... correr... al fin de la carrera
Perderme en la extensión del Océano.

El templo colosal, de nave inmensa,
        Está mudo y sombrío;
Sin flores el altar, negro, muy negro;
        ¡Apagados los cirios!

Señor, ¿en dónde estás? ¡Te busco en vano!...
　　　　　¿En dónde estás, oh Cristo?
¡Te llamo con pavor porque estoy solo,
Como llama á su padre el pobre niño!...
Y nadie en el altar! ¡Nadie en la nave!
Todo en tiniebla sepulcral hundido!
Habla! ¡Que suene el órgano! ¡Que vea
En el desnudo altar arder los cirios!...
¡Ya me ahogo en la sombra... ya me ahogo!
¡Resucita, Dios mío!

　　　¡Una luz! ¡Un relámpago !... ¡Fué acaso
　　　　　Que despertó una lámpara!
¡Ya miro, sí! ¡Ya miro que estoy solo!...
　　　　　¡Ya puedo ver mi alma!
Ya vi que de la cruz te desclavaste
　　　　　Y que en la cruz no hay nada...
Como esa son las cruces de los muertos...
　　　　　Los pomos de las dagas...

¡Y es puñal, sí, porque su hoja aguda
　　　　　En mi pecho se encaja!
Ya ardieron de repente mis recuerdos,
Ya brillaron las velas apagadas...
Vuelven al coro tétricos los monjes
Y vestidos de luto se adelantan...
Traen un cadáver... rezan... ¡oh, Dios mío,
Todos los cirios con tu soplo apaga!...
　　　　　¡Sombra, la sombra sin orillas, esa,
　　　　　Esa es la que busco para mi alma!

1889

EFÍMERAS

Idos, dulces ruiseñores.
Quedó la selva callada,
y a su ventana, entre flores,
no sale mi enamorada.

Notas, salid de puntillas;
está la niñita enferma...
Mientras duerme en mis rodillas,
dejad, ¡oh notas!, que duerma.

Luna, que en marco de plata
su rostro copiabas antes,
si hoy tu cristal lo retrata
sacas, luna, la espantes.

Al pie de su lecho queda
y aguarda a que buena esté,
coqueto escarpín de seda
que oprimes su blanco pie.

Guarda tu perfume, rosa,
guarda tus rayos, lucero,
para decir a mi hermosa,
cuando sane que la quiero.

1882

EL HADA VERDE

(Canción del bohemio)

¡En tus abismos, negros y rojos,
fiebre implacable mi alma se pierde,
y en tus abismos miro los ojos,
los verdes ojos del hada verde!

Es nuestra musa glauca y sombría,
la copa rompe, la lira quiebra,
y a nuestro cuello se enrosca impía
como culebra!

Llega y nos dice: —¡Soy el olvido,
yo tus dolores aliviaré!
Y entre sus brazos, siempre dormido,
yace Musset.

¡Oh, musa verde! Tú la que flotas
en nuestras vidas enardecidas,
tú la que absorbes, tú la que agotas
almas y vidas.

En las pupilas concupiscencia;
juego en la mesa donde se pierde
con el dinero, vida y conciencia,
en nuestras copas, eres demencia
¡oh, musa verde!

Son ojos verdes los que buscamos,
verde el tapete donde jugué,

verdes absintios los que apuramos,
y verde el sauce que colocamos
en tu sepulcro, pobre Musset.

1887

EL PRIMER CAPÍTULO

Cuando a la sala entré, la luz tenías
del velador tras la bombilla opaca,
y hundida muellemente en la butaca
con languidez artística leías.

Cerraste el libro al verme, nos hablamos,
con gracia seductora sonreíste,
los pliegues de tu traje recogiste
y los dos frente a frente nos sentamos.

Era blanca la bata que hasta el cuello
en sus ondas flotantes te arropaba,
y blanca aquella rosa que ostentaba,
en sus bucles soberbios, tu cabello.

¡Cómo de aquellos ojos la negrura
y tu morena y oriental belleza
contrastaban, bien, con la frescura
de tus húmedos labios de cereza!

¡Cómo aquel rizo que en ligeras ondas
encrespadas, rozándolo, el ambiente,
caía apartado de tus trenzas blondas
sobre el mármol corintio de tu frente!

A veces tu cabeza sacudiendo,
los indóciles bucles recogías,
y la bata, al moverse, desprendiendo,
tu opalina garganta descubrías.

El pie, pequeño y tímido escondido,
cuando tu cuerpo mórbido ondulaba,
impaciente rozando tu vestido
la punta delgadísima asomaba.

El ancha manga al levantarse suelta,
mal detenida por inquieto lazo,
dejaba adivinar la forma esbelta
y el cutis satinado de tu brazo.

Luego ocultabas, púdica, la breve
planta que se asomaba tentadora;
y era entonces tu rostro cual la nieve
teñida por los besos de la aurora.

Imperceptibles tintas nacaradas
rodeaban tus párpados: tranquilas,
las sedosas pestañas entornadas
ocultaban tus púdicas pupilas.

Como nardos cuajados de rocío
que estremecen los vientos de las tardes
tus hombros con ligero escalofrío
tras el linón velábanse cobardes.

Tibia estaba la pieza; blanca y bella.
la luna en el espejo se veía;
era digna de ti la noche aquella,
¡tantos luceros en el cielo había!

Era una de esas noches en que suele
la turba aletear de los amores,

en medio de una atmósfera que huele
a nidos frescos y recientes flores.

Noches en que modulan un arrullo
los mares y los bosques y las cuevas,
en que se abren, rompiendo su capullo,
los sueños castos y las flores nuevas.

Noches en que el espíritu adormido
en los limbos del sueño queda preso,
en que se escapa el pájaro del nido
y de los labios trémulos el beso.

Yo estaba junto a ti, yo, que te adoro;
las estrellas lanzábase tranquilas;
brotaban en el cielo lirios de oro,
y yo miraba al cielo en tus pupilas.

1883

EN UN ABANICO

Pobre verso condenado
a mirar tus labios rojos
y en la lumbre de tus ojos
quererse siempre abrasar;
Colibrí del que se aleja
el mirto que lo provoca
y ve de cerca tu boca
y no la puede besar.

1884

FRANCIA Y MÉXICO

Al Sr. D. Alejandro Arango y Escandón.

¡Señor ! á cada paso la dicha más se aleja
¿Por qué, por qué, Señor?
Todo en profundas sombras y obscuridad me deja,
Sí, todo, hasta el dolor!

De mis pupilas secas, el llanto ya no brota,
Se inclina mi cabeza,
Y como en hondo pozo, cayendo gota á gota.
Me baña la tristeza.

Ayer, lleno de orgullo, la frente alzaba al cielo
Desde la tierra, erguido;
Hoy, heme aquí en el polvo, mis brazos en el suelo,
Cual un cedro caído.

Ayer, el universo para mi gran destino
Creí pequeño espacio;
Hoy miro ya mi pecho, cual mira el peregrino
Las ruinas de un palacio.

Cual las hurtadas joyas en antro cavernoso
Repártese el bandido,
Así repartió el mundo mis penas codicioso,
Y nada fué escondido.

Mi alma que del mundo y el vano vocerío
Huyó siempre cobarde,
Es ya como taberna, do en olas el gentío
Se agolpa por la tarde.

Y pasan meneando con pena la cabeza
     Los que antes hube amado,
Me ven, y no se curan de hablarme en mi tristeza,
     Que todos me han dejado.

Á solas con mi llanto ya no puede espantarme
     Vivir conmigo mismo:
Los quede mí se alejan, murmuran al dejarme
     Que vuelven del abismo.

Camino taciturno: mi labio sólo invoca
     La santa fe cristiana,
Y mírame la noche de pie sobre la roca
     Do vióme la mañana.

¿Cuyo será el misterio. Señor, que tú encerraste
     En mi alma de culpado,
Si para abrir el surco que en mi ánima cavaste
     Sirvió el dolor de arado?

Mi alma es como lirio que en la extensión desierta
     No anima brisa blanda;
Mendigo de la dicha, yo voy de puerta en puerta,
     Y todos dicen: ¡anda!

Señor, ¿por qué enderezas hacia la luz mi paso,
     Si nunca he de encontrarla?
¿Por qué pusiste en mi alma la sed en que me abraso
     Si nunca he de saciarla?

La luz que iluminaba en antes mi camino
     Ahora ya me deja,

Y digo yo á la dicha lo mismo que el marino
   Al puerto que se aleja.

Señor, tú la amargura repartes al humano,
   Al fuerte, al que flaquea:
Como amo cuidadoso, llegando muy temprano,
   Divides la tarea.

Empero, nada importa: mis ansias ya no anhelan
   Los lauros ni las palmas,
Y vivo contemplando el cielo á donde vuelan
   Las alas y las almas.

No quieras que yo aparte de ti mi confianza.
   En todo, Señor, brillas;
Y para ver tus obras que la mirada alcanza.
   Me pongo de rodillas.

Respeto yo tus juicios: tal vez la dicha viene
   Tras este amargo luto;
Cual la dorada poma á la raíz contiene,
   Y la raíz al fruto.

La nube que fecunda regando blandamente
   Los surcos déla tierra,
Al trémulo marino que asómase en el puente,
   Con la borrasca aterra.

Lo que hoy yace en el fango cual una masa inerme
   Será mañana rosa,
Y hasta la inmunda larva, que entre las sombras duer-
         me,]
   Se torna en mariposa.

Por eso nunca, nunca, me espanta ni me asombra.
Señor, la adversidad:
Que todo en esta tierra por una parte es sombra,
Por otra, claridad.

Yo sé, Señor, que ahora las penas y los males
En mi alma prevalecen;
Mas Son como luciérnagas, que en torno á los rosales
Se agitan y perecen.

Mi alma será lavada; con tu divino aliento
La harás brillar un día.
Como se lava el mármol del blanco pavimento
Pasada ya la orgía!

1881

FRANCIA Y MÉXICO

Francia, Francia, la urna transparente
En que el humano espíritu se agita;
Eco que al grito del dolor responde.
Inmenso, eterno corazón, en donde
Toda la vida universal palpita!
Eres la madre de los pueblos, eres
Como ánfora de amor inagotable,
Como bálsamo tibio que consuela;
Música que deleita los oídos,
La mano que levanta á los caídos,
Y el ala para todo lo que vuela!
Caliente hogar de todas las naciones,
En ti distintos pueblos se congregan,
Pobres, desnudos á tus puertas llegan,
Les das tu ciencia, tu saber, tu vida.
De ti reciben la soberbia palma,
Todo les das y cuando nada tienes
Como su eterna enamorada, vienes
A darles, Francia pálida, tu alma.
Tú eres el fluido que circula
Por las venas del mundo, sabia fuente
Que en flores y ramajes se transforma;
Hirviente sangre, chispa prometea,
Para el grave filósofo, la forma,
Para el artista y el cantor, la idea!

¡Ah! no seré yo nunca quien te injurie
Mofa haciendo y baldón de rus tristezas.
Siento el hervor del corazón latino
Y si me duele, á veces, tu destino,
Convierto la mirada á tu grandeza.

No la corona de punzante cardo
Quiero ceñirte sin piedad, primero
He de romper mi citara de bardo
Y mi espada leal de caballero.
No te confundo, no, con esas huestes.
Para tu daño y nuestro mal venidas ;
Esa no fué la Francia de la espada,
La señora de todas las naciones,
Era la pobre enferma devorada
Por la lepra de viles ambiciones.
Tú, raza Bonaparte, en tu destine
Vistes horrible dualidad, primera
El augusto y amplísimo camino
De laureles magnífico reguero;
Después la torva ruta
En mil ásperas quiebras dividida.
El declive forzoso de la suerte,
La absorción de las aguas de la vida
Por las aguas plomizas de la muerte;
Hallando el mundo á tu poder estrecho.
Quisiste altiva dominar la tierra,
Y tu caída, raza audaz, encierra
Las grandes represalias del derecho.
No es la suerte ciega la que trama
Las peripecias de tu vida loca:
Viene de Dios la fuerza que provoca
El desenlace trágico del drama.
Vencer creíste de soberbia llena,
Y tu ambición nuestro poder redujo.
¡Oh, pobre fuego fatuo que produjo
Un cadáver disyecto en Santa Elena!
Tus águilas, las águilas altivas,
Bajando al suelo con el ala rota.

Mejor quisieron perecer cautivas
Que volver anunciando la derrota;
Hoy pueden ya volver: su forma adusta
Atraviesa, cerniéndose, la sierra,
Y trágica se aleja en el espacio;
¡Ya no hay Césares, Francia, en el palacio,
Ni planta de invasor en nuestra tierra!

Los pueblos son hermanos: Dios no quiere
Este odio universal, esta locura,
Esta guerra implacable que convierte
Al mundo en un tablado en que pasea
Esa terrible trágica: la muerte.
Es preciso arrojar del santuario
A aquellos mercaderes de la tierra
Que juegan á los pueblos y si pierden
Pagan con la moneda de la guerra!
¡Despierta, Patria! Vigoroso arreo
Toma para el combate; sólo llora
La débil hembra sin valor: ya es hora
De romper tus cadenas, Prometeo.
Tus fuertes brazos de la cruz desclava;
Ni muda tiembles, ni cobarde llores,
No más guerras civiles; pobre esclava
Que tienes á tus hijos por señores!
Todos en ti, sacrílegos, las manos
Hemos puesto, mi Patria, todos, todos!,
De tu amargo dolor hemos reído,
Y en tu pecho cobardes y villanos
Cien veces el puñal hemos hundido.
Mas hoy, como pasados caballeros
De sus espadas por la cruz juraban,
Juramos, Patria, respetar tus fueros,

Secar el llanto que tu rostro quema,
Irnos á confundir en tu regazo,
Ser nada más en esta lid suprema,
Un corazón, una palabra, un brazo!
¿Qué, siempre habrás de ser eterna Dido,
Amante abandonada que suspira
Por sus justas y muertas libertades?
¿Con sangre siempre correrán tus ríos?
¿Qué, nunca han de torcer nuestros navíos
El Cabo de las negras tempestades?
Es fuerza, pobre Antígone, que veas
Trocadas en verdad tus ilusiones,
Abriendo tu cerebro á las ideas
Y tus puertos á todas las naciones:
Ha pasado la edad del odio eterno,
Surge nuevo horizonte de improviso,
Y aparece de súbito, en tu infierno,
La Beatriz que conduce al Paraíso.
Lejos de aquí las bizantinas luchas
De torpes ó serviles pretorianos;
No han de darte los Cides, Patria mía.
La honrada solución de la miseria,
Has menester la industria y el talento,
Las alas del vapor en la materia,
Y en la mente el vapor del pensamiento.
Que nunca ociosas la viriles manos
Guarden tus hijos, pálida matrona,
Si hombres son y nacieron mexicanos;
Les sobra aliento y ánimo forzado,
Y en esta lid suprema quien te ame,
Quien trabaje contigo, es el honrado,
Quien se alce en rebelión, es el infame!

1882

FRENTE A FRENTE

Oigo el crujir de tu traje,
turba tu paso el silencio,
pasas mis hombros rozando
y yo a tu lado me siento.
Eres la misma: tu talle,
como las palmas, esbelto,
negros y ardientes los ojos,
blondo y rizado el cabello;
blando acaricia mi rostro
como un suspiro tu aliento;
me hablas como antes me hablabas,
yo te respondo muy quedo,
y algunas veces tus manos
entre mis manos estrecho.

¡Nada ha cambiado: tus ojos
siempre me miran serenos,
como a un hermano me buscas,
como a una hermana te encuentro!
¡Nada ha cambiado: la luna
deslizando su reflejo
a través de las cortinas
de los balcones abiertos;
allí el piano en que tocas,
allí el velador chinesco
y allí tu sombra, mi vida,
en el cristal del espejo.

Todo lo mismo: me miro,
pero al mirarte no tiemblo,
cuando me miras no sueño.

Todo lo mismo, peor algo
dentro de mi alma se ha muerto.
¿Por qué no sufro como antes?
¿Por qué, mi bien, no te quiero?

　　Estoy muy triste; si vieras,
desde que ya no te quiero
siempre que escucho campanas
digo que tocan a muerto.
Tú no me amabas pero algo
daba esperanza a mi pecho,
y cuando yo me dormía
tú me besabas durmiendo.

　　Ya no te miro como antes,
ya por las noches no sueño,
ni te esconden vaporosas
las cortinas de mi lecho.
Antes de noche venías
destrenzando tu cabello,
blanca tu bata flotante,
tiernos tus ojos de cielo;
lámpara opaca en la mano,
negro collar en el cuello,
dulce sonrisa en los labios
y un azahar en el pecho.

　　Hoy no me agito si te hablo
ni te contemplo si duermo,
ya no se esconde tu imagen
en las cortinas del techo.

Ayer vi a un niño en la cuna;
estaba el niño durmiendo,
sus manecitas muy blancas,
muy rizado su cabello.
No sé por qué, pero al verle
vino otra vez tu recuerdo,
y al pensar que no me amaste,
sollozando le di un beso.

Luego, por no despertarle,
me alejé quedo, muy quedo.
¡Qué triste que estaba el alma!
¡Qué triste que estaba el cielo!
Volví a mi casa llorando,
me arrojé luego en el lecho.
Todo estaba solitario,
todo muy negro, muy negro,
como una tumba mi alcoba,
la tarde tenue muriendo
mi corazón con el frío.

Busqué la flor que me diste
una mañana en tu huerto
y con mis manos convulsas
la apreté contra mi pecho;
miré luego en torno mío
y la sombra me dio miedo...
Perdóname, si, perdona,
¡no te quiero, no te quiero!

1879

HOJAS SECAS

¡En vano fue buscar otros amores!
¡En vano fue correr tras los placeres,
que es el placer un áspid entre flores,
y son copos de nieve las mujeres!

Entre mi alma y las sombras del olvido
existe el valladar de su memoria:
que nunca olvida el pájaro su nido
ni los esclavos del amor su historia.

Con otras ilusiones engañarme
quise, y entre perfumes adormirme.
¡Y vino el desengaño a despertarme,
y vino su memoria para herirme!

¡Ay, mi pobre alma, cuál te destrozaron
y con cuánta inclemencia te vendieron!
Tú quisiste amar ¡y te mataron!
Tú quisiste ser buena ¡y te perdieron!

¡Tanto amor, y después olvido tanto!
¡Tanta esperanza convertida en humo!
Con razón en el fuego de mi llanto
como nieve a la lumbre me consumo.

¡Cómo olvidarla, si es la vida mía!
¡Cómo olvidarla, si por ella muero!
¡Si es mi existencia lúgubre agonía,
y con todo mi espíritu la quiero!

En holocausto díla mi existencia,
la di un amor purísimo y eterno,
y ella en cambio, manchando mi conciencia,
en pago del edén, diome el infierno.

¡Y mientras más me olvida, más la adoro!
¡Y mientras más me hiere, más la miro!
¡Y allá dentro del alma siempre lloro,
y allá dentro del alma siempre expiro!

El eterno llorar: tal es mi suerte;
nací para sufrir y para amarla.
¡Sólo el hacha cortante de la muerte
podrá de mis recuerdos arrancarla!

1887

INVITACIÓN AL AMOR

¿Por qué, señora, con severa mano
cerráis el camarín de los amores,
si hay notas de cristal en el piano
y en los jarrones de alabastro flores?

¿Por qué cerrar la habitación secreta
y atar las rojas alas del deseo
a la hora misteriosa en que Julieta
oyó crujir la escala de Romeo?

¿Habré sido tal vez en vuestra vida
rápida exhalación, perfume vago,
sombra de un ave que en veloz huída
se desvanece sin rugar el lago?

¿Nada os habló de nuestro amor perdido
ni el lirio azul ni la camelia roja,
ni la fuente de mármol esculpido
que vuestras verdes parietarias moja?

¿Nada os habló de mí? Ni los carmines
que os salen, si me veis, a la mejilla,
ni vuestra alcoba azul, ni los cojines
que dibujan, hundidos, mi rodilla ?

¿No oía la voz del viento que se estrella
de vuestra reja en los calados bronces?
Muy negra está la noche... como aquella
y desierta la calle..., como entonces.

¡Ah! Vuestro labio sin piedad mentía,
no ha muerto aún nuestra pasión, señora;
no cantan las alondras todavía,
ni se estremece en el cristal la aurora.

Vano temor, escrúpulo cobarde,
nuestras almas desune y nos aleja.
Dejad me, pues, que silencioso aguarde
y que os vele de pie junto a la reja.

Permitid que tenaz y enamorado
contemple vuestro cuerpo de sultana
y admire por sombra recatado
vuestro cutis de tersa porcelana.

Dejadme ver, inquietas y curiosas,
vuestras pupilas a través del velo,
y que me hablen de amor como a las rosas
les hablan las estrellas desde el cielo.

No, no es verdad que nuestro amor ha muerto,
por más que la borrasca nos desuna.
El niño vive aún, está despierto
y nos tiende los brazos en la cuna.

Todo cual antes en la quieta alcoba
mi vuelta aguarda y esperando queda:
desde la obscura puerta de caoba
hasta el sitial de purpurina seda.

Todo os habla de mí: la tersa fuente,
los cortinajes blancos y rojizos,

hasta el peine de nácar transparente
que detiene en la nuca vuestros rizos.

Todo secretas pláticas entabla
y cuenta nuestras citas amorosas.
Todo, señora, de mi amor os habla
con la muda elocuencia de las cosas.

Es inútil huir; la noche cierra;
tiende la sombra su callado velo;
los pájaros se juntan en la tierra
los astros se buscan en el cielo.

¿Por qué luchar cuando el amor suave
cantan los nidos y la estrella helada,
si tenéis, al andar, algo de ave
y mucho de lucero en la mirada?

El parque humedecido por las lluvias,
el agua que aromó vuestros cabellos,
las brisas frescas y las hebras rubias
que tiemblan de pasión en vuestro cuello.

Todo, perfume, claridad o nido,
os habla de mi amor y nos alienta,
hasta las cintas del corsé ceñido
que mis esquelas de pasión calienta.

Todo me aguarda aún: la muelle alfombra,
la puerta franca, el cortinaje espeso;
en un rincón del canapé, la sombra,
y en vuestros labios de carmín, el beso.

No queráis resistir; los sueños míos
conocen vuestros íntimos pesares,
y vos venís a mí como los ríos
corren a confundirse con los mares.

¿Por qué la soledad en torno vuestro?
¿Por qué dejar el comenzado viaje?
¿Por qué la pena y el color siniestro,
de vuestro negro y ondulante traje?

Todo para ayudaros se conjura:
las ondas melancólicas suspiran...
los niños duermen y los astros miran.

1882

LA DUDA

¡Aparta, sombra horrible,
Aparta de mi frente
Tus alas, que la cubren
Con fúnebre crespón!
¡Aparta, que á mis ojos
Asoma el llanto ardiente,
Y roto está en pedazos
Mi triste corazón!

¿Qué quieres, de las sombras
Espectro pavoroso?
¿Por qué junto á mi lecho,
Velando siempre estás?
¿Por qué inclemente turbas
Mi sueño y mi reposo?
¿Por qué, fantasma negro,
Conmigo siempre vas?

¿No sabes que mis dichas
Destruyes con tu aliento?
¿No sabes que mis ojos
Te miran con pavor?
¡Aparta, sombra horrible!
¡Aparta, que tu acento
Resuena en mis oídos
Cual grito del dolor!

¿Qué quieres, que así turbas
Mi paz, mis alegrías?
¿Por qué mis dichas vienes

En llanto á convertir?
¿Por qué marchitas todas
Las esperanzas mías?
¿Por qué cubres de sombras
Mi hermoso porvenir?

¿Acaso ignoras, dime,
Que el santo amor que siento
Es alma de mi alma
Y vida de mi ser?
¿No sabes que sin ella
La vida es un tormento,
La fe palabra vana,
Quimérico el placer?

¿Por qué á mi vida siempre
Tu ronca voz murmura,
Que es loca la esperanza
De coronar mi amor?
¿Porqué tu acento dice
Que es sueño la ventura,
Y que tan sólo es cierto
El llanto y el dolor?

¡Y siempre me acompañas!
Y siempre tu sonrisa
Como puñal agudo
Me hiere el corazón!
Y al contemplarte trueco
En lágrimas mi risa,
Y al contemplarte exhalo
Terrible maldición!

De sombras has llenado
Mi alma y mi conciencia;
En lánguido gemido
Trocaste mi cantar;
Con tu hálito de averno
Mataste mi creencia,
Y horrible panorama
Me obligas á mirar!

¡Ya basta! que mi frente
Doblégase abatida
Y presuroso late
Mi triste corazón:
Un caos es mi cerebro,
Tristísima guarida
De negros pensamientos,
De luto y aflicción!

¡Ya basta, ser maldito!
No turbes más mi calma:
Mi mente es una hoguera,
Mi pecho es un volcán:
Como la corza herida
Agítase mi alma,
Y cruza en mi cabeza
Terrífico huracán.

Por desasirme lucho
De tus feroces garras,
Y libertarme quiero
De tu fatal poder;
Como velera nave

Que rompe sus amarras
Y el océano hirviente
Comienza libre á hender!

1877

LA DUQUESA JOB

A Manuel Puga y Acal

En dulce charla de sobremesa,
mientras devoro fresa tras fresa
y abajo ronca tu perro Bob,
te haré el retrato de la duquesa
que adora a veces el duque Job.

No es la condesa que Villasana
caricatura, ni la poblana
de enagua roja que Prieto amó;
no es la criadita de pies nudosos,
ni la que sueña con los gomosos
y con los gallos de Micoló.

Mi duquesita, la que me adora,
no tiene humos de gran señora;
es la griseta de Paul de Kock.
No baila Boston, y desconoce
de las carreras el alto goce,
y los placeres del *five o'clock*.

Pero ni el sueño de algún poeta,
ni los querubes que vio Jacob,
fueron tan bellos cual la coqueta
de ojitos verdes, rubia griseta
que adora a veces el duque Job.

Si pisa alfombra no es en su casa,
si por Plateros alegre pasa
y la saluda Madame Marnat,

no es, sin disputa, porque la vista,
sí porque a casa de otra modista
desde temprano rápida va.

No tiene alhajas mi duquesita,
pero es tan guapa y tan bonita,
y tiene un cuerpo tan *v'lan*, tan *pschutt*,
de tal manera trasciende a Francia,
que no le igualan en elegancia
ni las clientes de Hélene Kossut.

Desde las puertas de la Sorpresa
hasta la esquina del Jockey Club,
no hay española, *yankee* o francesa,
ni más bonita, ni más traviesa
que la duquesa del duque Job.

¡Cómo resuena su taconeo
en las baldosas! ¡Con qué meneo
luce su talle de tentación!
¡Con qué airecito de aristocracia
mira a los hombres, y con qué gracia
frunce los labios! ¡Mimí Pinson!

Si alguien al alcanza, si la requiebra,
ella, ligera como una cebra,
sigue camino del almacén;
pero ¡ay del tuno si alarga el brazo!
Nadie le salva del sombrillazo
que lo descarga sobre la sien.

¡No hay en el mundo mujer más linda!
¡Pie de andaluza, boca de guinda,

sprint rociado de Veuve Clicot;
talle de avispa, cutis de ala,
ojos traviesos de colegiala
como los ojos de Louise Theo!

Ágil, nerviosa, blanca, delgada,
media de seda bien estirada,
gola de encaje, corsé de ¡crac!,
nariz pequeña, garbosa, cuca,
y palpitantes sobre la nuca
rizos tan rubios como el coñac.

Sus ojos verdes bailan el tango;
nada hay más bello que el arremango
provocativo de su nariz.
Por ser tan joven y tan bonita
cual mi sedosa blanca gatita,
diera sus pajes la emperatriz.

¡Ah! Tú no has visto, cuando se peina,
sobre sus hombros de rosa reina
caer los rizos en profusión.
¡Tú no has oído qué alegre canta,
mientras sus brazos y su garganta
de fresca espuma cubre el jabón!

¡Y los domingos! ... ¡Con qué alegría
oye en su lecho bullir el día
y hasta las nueve quieta se está!
¡Cuál se acurruca la perezosa,
bajo la colcha color de rosa,
mientras a misa la criada va!

La breve cofia de blanco encaje
cubre sus rizos, el limpio traje
aguarda encima del canapé;
altas, lustrosas y pequeñitas
sus puntas muestran las dos botitas,
abandonadas del catre al pie.

Después, ligera, del lecho brinca;
¡oh, quién la viera cuando se hinca
blanca y esbelta sobre el colchón!
¿Qué vale junto de tanta gracia
las niñas ricas, la aristocracia,
ni mis amigas de cotillón?

Toco; se viste; me abre; almorzamos;
con apetito los dos tomamos
un par de huevos y un buen *beefsteak*,
media botella de rico vino,
y en coche, juntos, vamos camino
del pintoresco Chapultepec.

Desde las puertas de la Sorpresa
hasta la esquina del Jockey Club,
no hay española, *yankee* o francesa,
ni más bonita ni más traviesa
que la duquesa del duque Job.

1884

LA MISA DE LAS FLORES

A Ricardo Domínguez

Que fais-tu là? me dit Virgile
Maître, je mets Pégase au vert.
-Victor Hugo

Boileau se queda en el aula
y Voltaire en la ciudad.
¡Musa, al campo! ¡Abre la jaula!
¡Señores versos, entrad!

Alce la oda en el bosque
su deslumbrante oriflama;
que la sátira se enrosque
y que brinque el epigrama.

Beba el madrigal coqueto
en los lirios vino blanco,
y pensativo el soneto
descanse en rústico banco.

Tenue, frígido remusgo
entre los alcores sopla.
¡Cuántas perlas en el musgo
hay para tu cuello, copla!

Despierta, perezosilla,
despierta, que viene el alba…
Para hacerte una sombrilla
cortó Robín esta malva.

Deja tu alcoba: el jazmín
no en blando reposo olvides,
que te aguarda tu escarpín,
tu pequeño nomeolvides.

La persiana de cristal
que anoche tejió la escarcha
en tu cámara nupcial,
rompe de un soplo ¡y en marcha!

Ya no triste soliloquia
el nocturno ruiseñor,
y el gorrión madrugador
llama a misa en la parroquia.

Vamos al templo. Hoy es fiesta.
Tulipán dirá el sermón;
en la misa, gran orquesta;
y en la tarde, procesión.

Palomas y codornices,
con hojitas de azahares
remiendan sobrepellices
y componen los altares.

Un pobre topo, el más mandria
y apocado, barre el coro.
¡Hoy va a cantar la calandria,
la calandria de voz de oro!

Será el zenzontle, tenor;
jilguero, primer violín;

y maestro director
el arrogante clarín.

La pila de agua bendita
que está en el rincón umbrío,
es silvestre margarita
llena de fresco rocío.

El candelabro mayor
es una hermosa araucaria,
y aquel altar, siempre en flor,
es de santa pasionaria.

Mil cazoletas de almendro
perfuman el tabernáculo;
ya viene con mitra y báculo
monseñor el rododendro.

Van los breves aretillos
repicando cascabeles,
y detrás, rojos claveles
vestidos de monaguillos.

Doble sarta de corales
parecen: mira al monago
que marcha entre dos ciriales
y alza la cruz de Santiago.

Otro, guapo y petimetre
va con acetre e hisopo,
y el hisopo de su acetre
es un pompón de heliotropo.

Del coro bajo en las rejas,
absortas en sus plegarias,
se agrupan las trinitarias,
que tienen caras de viejas.

¿No miras los blancos cirios
de plateadas escamas?
Son encarrujados lirios,
y de mirto son las llamas.

A la camelia patricia
ya la azalea pizpireta
ve la azucena novicia
con sus ojos de violeta.

En un sitial la dahalia
como priora se esponja,
mientras la tórtola monja
entra de sayo y sandalia.

Abajo, frescas irídeas
cubren la arena del piso,
y forman árido friso
en los muros las orquídeas.

¿No oíste parar un coche?
Es del alcalde. ¡Qué gruesa
va la señora alcaldesa
con su dondiego de noche!

En cambio ¡qué jubilosas,
qué frescas y qué elegantes

están las jóvenes rosas!
¡Qué indevotos sus amantes!

Aquél que de negro viste,
el de las grandes ojeras,
es un pensamiento triste...
¡Sufre mucho! ¡Si supieras!…

Mas ¡silencio! ¡De rodillas!
Ya el monago de roquete
girar hace el rehilete
de azulinas campanillas.

Parece el altar brillante
ascua de plata inflamada.
¡Ya levanta el oficiante
la gardenia inmaculada!

Luego, una ráfaga fría
súbita baja del coro
y apaga la luz que ardía
en el gran trébol de oro.

Los rojos mirtos, prendidos
en los cirios, azulean,
se retuercen, parpadean
y quédanse al fin dormidos.

Sus pábilos en hilera
simulan negro rosario;
por la torcida escalera
baja el cuervo al santuario.

Frente al sagrario se hinca,
el agudo pico tiende
y, lámpara azul, se enciende,
tremulante, la pervinca.

Salgamos: la muda selva
derrama dulce beleño,
y esparce la madreselva
su apacible olor de sueño.

Cierran las flores sus broches
calla la breve campana:
flores nuevas, buenas noches;
Musa azul, hasta mañana.

1892

LAPIDA

Mucho silencio bajo los pinos,
La luz apenas se atreve á entrar
En esa calle de verdes tuyas
Donde se enreda la obscuridad.

¡Cuántos amigos en los sepulcros
De blanco mármol ó piedra gris!
¡Cuántas alfombras de «no me olvides»
Miro olvidadas en el jardín!

Abajo, siembras, techos y torres;
El panorama de la ciudad,
El terso lago que duerme inmóvil.
La caravana que lenta va!

Y en este cerro desnudo y triste.
El alta reja, la férrea cruz,
Y un jardinero que indiferente
Mira el cortejo del ataúd.

Y hemos llegado: ya abren la fosa.
Suenan los golpes del azadón,
Y el sacerdote, breviario en mano,
Reza las preces á media voz.

Los circunstantes, formando grupos,
Muy pensativos la fosa ven,
Y cada uno se dice triste;
¿Cuándo en su seno reposaré?

Otros recorren las avenidas,
Los epitafios leyendo van;
Hablan de aquella que ya no existe.
De la que llevan á sepultar.

¡Cuántos semblantes que nada dicen!
¡Cuántos dolientes de mal humor
Porque se alargan las ceremonias,
Corren las horas y quema el sol!

Unos se burlan de los sepulcros;
Otro contempla con ansiedad,
La tierra obscura, la blanca tumba
Donde sus padres durmiendo están!

Sobre la arena recién regada
Descansa inmóvil el ataúd...
Y en esa caja negra y angosta,
Ya para siempre reposas tul

1880

LA SERENATA DE SHUBERT

¡Oh, qué dulce canción! Límpida brota
esparciendo sus blandas armonías,
y parece que lleva en cada nota
¡muchas tristezas y ternuras mías!
¡Así hablara mi alma... si pudiera!
¡Así dentro del seno,
se quejan, nunca oídos, mis dolores!
Así, en mis luchas, de congoja lleno,
digo a la vida: «¡Déjame ser bueno!»
Así sollozan todos mis amores!

¿De quién es esa voz? Parece alzarse
junto del lago azul, en noche quieta,
subir por el espacio, y desgranarse
al tocar el cristal de la ventana
que entreabre la novia del poeta...
¿No la oís como dice: «Hasta mañana»?
¡Hasta mañana, amor! El bosque espeso
cruza, cantando, el venturoso amante,
y el eco vago de su voz distante
decir parece: «¡Hasta mañana, beso!»

¿Por qué es preciso que la dicha acabe?
¿Por qué la novia queda en la ventana
y a la nota que dice: «¡Hasta mañana!»
el corazón responde: «¿Quién lo sabe?»

¡Cuántos cisnes jugando en la laguna!
¡Qué azules brincan las traviesas olas!
En el secreto ambiente ¡cuánta luna!
mas las almas ¡qué tristes y qué solas!

En las ondas de plata
de la atmósfera tibia y transparente,
como una Ofelia náufraga y doliente
¡va flotando la tierna serenata!...
Hay ternura y dolor en ese canto,
y tiene esa amorosa despedida
la transparencia nítida del llanto...
¡y la inmensa tristeza de la vida!

¿Qué tienen esas notas? ¿Por qué lloran?
Parecen ilusiones que se alejan...
sueños amantes que piedad imploran,
y, como niños huérfanos, ¡se quejan!
Bien sabe el trovador cuán inhumana
para todos los buenos es la suerte...,
que la dicha es «ayer»... y que mañana
es el dolor, la oscuridad, ¡la muerte!
El alma se compunge y estremece
al oír esas notas sollozadas...
¡Sentimos, recordamos, y parece
que surgen muchas cosas olvidadas!

¡Un peinador muy blanco y un piano!
Noche de luna y de silencio afuera...,
un volumen de versos en mi mano,
y en el aire y en todo, ¡primavera!
¡Qué olor de rosas frescas! En la alfombra,
¡qué claridad de luna! ¡Qué reflejos!
¡Cuántos besos dormidos en la sombra,
y la Muerte, la pálida, qué lejos!
En torno al velador, niños jugando...,
la anciana, que en silencio nos veía,
Schubert en su piano sollozando,

y en mi libro, Musset con su «Lucía».
¡Cuántos sueños en mi alma y en tu alma!
¡Cuántos hermosos versos, cuántas flores!
En tu hogar apacible, ¡cuánta calma!,
y en mi pecho, ¡qué inmensa sed de amores!

  ¡Y todo ya muy lejos, todo ido!
¿En dónde está la rubia soñadora?
¡Hay muchas aves muertas en el nido,
y vierte muchas lágrimas la aurora!...
Todo lo vuelvo a ver... ¡pero no existe!
Todo ha pasado ahora..., ¡y no lo creo!
Todo está silencioso, todo triste...
¡Y todo alegre, como entonces, veo!
Esta es la casa..., ¡su ventana aquélla!
ése el sillón en que bordar solía...,
la reja verde... y la apacible estrella
que mis nocturnas pláticas oía...
Bajo el cedro robusto y arrogante,
que allí domina la calleja oscura,
por la primera vez y palpitante
estreché con mis brazos su cintura.
¡Todo presente en mi memoria queda!
La casa blanca, y el follaje espeso...,
el lago azul..., el huerto, la arboleda
donde nos dimos, sin pensarlo, un beso!
Y te busco, cual antes te buscaba,
y me parece oírte entre las flores,
cuando la arena del jardín rozaba
el ruedo de tus blancos peinadores.

  ¡Y nada existe ya! Calló el piano...
Abriste, virgencita, la ventana...,

y oprimiendo mi mano con tu mano,
me dijiste también: «Hasta mañana»
¡Hasta mañana!... Y el amor risueño
no pudo en tu camino detenerte...
Y lo que tú pensaste que era un sueño,
fue sueño, sí, ¡pero inmenso!, ¡el de la muerte!

¡Ya nunca volveréis, noches de plata,
ni unirán en mi alma su armonía,
Schubert con su doliente serenata
y el pálido Musset con su «Lucía»!

1888

LAS ALMAS HUÉRFANAS

A Ignacio M. Luchichi

I

En las noches de insomnio medroso,
En el lecho, ya extinta mi lámpara.
Por la sombra, cual niño extraviado
Que no encuentra, y la busca, su casa.
Va llorando, pidiendo socorro,
Por la sombra infinita mi alma.
Desconozco los sitios que cruzo;
Yo no he visto jamás esas caras;
Tienen ojos y á mí no me miran;
Tienen labios y á mí no me hablan,
i Qué ciudad tan hermosa y tan grande!
¡Cuánta gente por las calles y plazas!
¡Cómo corre hervorosa la turba
Y atropella, derriba y aplasta!
Ennegrece los aires el humo
Que en columnas despiden las fábricas.
¡Qué suntuosos palacios! ¡qué luces!
Y las torres ¡qué altas! ¡qué altas!
Y estoy solo, y á nadie conozco;
Oigo hablar, y no sé lo que hablan,
Si pregunto, no entienden y siguen...
¡Oh mis padres! ¡mi casa! ¡mi casa!

¿Será sueño? ¿Fué cierto que tuve
Un hogar, la casita callada,
Tan alegre, tan fresca por fuera
y por dentro tan pura, tan santa ?

El balcón, siempre abierto de día
Y cruzado por mística palma,
A la luz semejaba decirle:
Aquí hay dicha y virtud: Pasa, pasa.
De mi padre el cabello muy blanco
Y los muros color de esas canas,
En los tiestos muy frescas las rosas
Y de rosa vestida mi alma.
¡Qué bien sabe, entre risas, la cena
En el lecho albeaban las sábanas
Y allí el sueño y el beso materno
Y el tranquilo esperar la mañana!

    ¿Cómo fué? Yo salí con alguno...
La viviente, brutal marejada
Me arrastró... volví luego los ojos
Y estoy solo... ¡mi casa! ¡mi casa!

    ¡Pobre espíritu, débil, perdido
Entre gente egoísta y extraña!
¡Pobre ciego que cruzas tocando
Tristes cosas de amor en tu arpa!
Ya no sigas pidiendo limosna,
Ya no tiendas tus manos heladas,
Ya no cantes, que nadie te escucha,
Y en la tierra por siempre descansa.
Estoy solo, en tinieblas: — ¡Dios mío!
¡Todo mudo! — ¡Mi Dios! ¡Todo calla!
¿También tú, de los huérfanos padre,
Te quedaste, señor, en mi casa?
Habrá un Dios para estas ciudades;
Pero no es aquel Dios de mi alma,
No me oye, no entiende mi lengua,

Y también apartándome pasa.
¿Qué, soy otro? ¿Ya no me conoces?
¿Tal mi cuerpo cambió la desgracia?
¡Ah: tú no eres el bueno, ni el mío,
Falso Dios de las gentes extrañas!

   Poco apoco la sombra poblaron
En tropel invadiendo mi estancia.
Seres mudos: tan sólo se oía
El rumor de sus trémulas alas.
Y después, cual si todos unidos
Consiguieran ligar la palabra,
Que dispersa en brevísimas plumas
De sonidos deshechos volaba,
Tenue canto de súbito alzaron,
Como el ramo despide fragancia,
Como se une la luz de los cirios
En el gran candelabro de plata,
Y juntando en el aire sus haces
Claridades intensas derrama.
Hubo luz en mi noche sombría,
No era, no, la maldita mi alma;
Sollozaba en la noche, errabunda,
Como triste molécula humana.
Como parte doliente del Todo
Que anda á tientas buscando su casa.
Y las vi, sí, las vi, soñadoras...
¡Eran ellas, mis buenas hermanas.
Las que abrieron los ojos en cunas
Por el padre ya muerto enlutadas,
Y de aquella que dióles la vida
¡Sólo vieron las últimas lágrimas!

Las que deja el Destino en el torno
Como expósitas tristes; las blancas
Criaturas que el vicio abandona,
Y, viniendo de noble prosapia,
Sienten luego crecer los impulsos
Que guardó el atavismo en su raza.
Son las hijas de padres muy ricos
Que en miseria dejó la desgracia.
Volar quieren, y tientan convulsas
El lugar do tuvieron las alas.
Llora más, llora más, pena mía,
Por las otras: no estás solitaria!

En la sombra lo blanco decía:
¡Oh mis padres ! ¡mis padres ! ¡mi casa!

II

Tú, poeta de pálido rostro.
El de húmeda y verde mirada,
Cual teñida con gotas de absintio,
¿Qué pedistes á Dios? — Esperanza. —
A tu lado, Mimí, juguetona;
La mantilla andaluza flotaba,
Y en sus góndolas áureas salían
Deslumbrantes los *Cuentos de Italia*.
Apurando la copa de ajenjo
¿Qué pediste? — ¡Esperanza! ¡Esperanza!

  Ese es el filósofo austero;
Veces mil por la angosta ventana,
Por la ojiva del templo, le vieron
De rodillas las luces del alba;

Mas tocaron clarines de guerra,
Convocó la Verdad á batalla
Y la fe de aquel pecho creyente
Se alejó como ave asustada.
Quiso al templo volver; ¡pero en vano!
A Jesús busca siempre; le ama,
Como se ama la rosa marchita
Que de amores pasados nos habla;
Con amor de recuerdo, muy triste,
Como luz vacilante de lámpara,
Con ternura de hijo que besa
Un retrato, un rosario, una lápida.
Labró en mármol la hermosa capilla
Donde yace el Jesús de su infancia,
Y quisiera decirle: ¡En ti creo,
Sé mi Dios y levántate y anda!
Pero el Cristo ¡qué exangüe! Sus ojos
¡Qué apagados! Su frente ¡qué pálida!
Ya no tiene más sangre su cuerpo
Para dar fuerza nueva á esa alma:
Pide al arte el filósofo austero
Una fresca, mullida almohada.
Duerme á veces y grita en el sueño:
¡Oh mis padres! ¡mis padres ! ¡mi casa!
 Y tú, Ítalo de tétrico aspecto,
Amador de la musa pagana.
Tú, nacido á gozar como Ovidio
En el coro gentil de las gracias,
Y clavado, infeliz Prometeo,
En la cruz, para pasto de águilas;
Tú, que en torno á tu roca no viste
Las piadosas oceánides blancas,

¿Qué dijiste á la vida, poeta?
— Te aborrezco por dura y por mala.
¡Oh fortuna! Por dicha no engendro,
¡No te ayudo! — ¿Qué pides? — ¡La nada!

Mas también ¡oh, poeta! sentías
De otra luz, de otra fe la nostalgia;
Eras tú para Grecia; en las naves
De la Chipre riente soñabas,
En las rosas de Jonia; en las ninfas
Que desnudas riendo besaban;
En los dioses que fueron tan bellos,
En lo vivo que ahora es estatua,
Y también sollozando decías:
¡Oh mis dioses, mi Atenas, mi patria!

Como arcángel de negra armadura;
Retorcida, fulmínea la espada,
Gladiador en el suelo caído,
No de frente, no inerme, de espalda.
Endereza su busto apolíneo
Apoyado en la mano que sangra
El cantor de la ira, y osado
Con el cielo impasible se encara.
La blasfemia forceja en su boca,
Es de acero su aguda mirada
Que á cruzarse tal vez con el rayo
En certera actitud se prepara.
Ha caído, la tierra quemóle
Como bruja infernal una planta,
Mientras gráciles, leves reían
En alígera tropa las hadas.

Ha caído: ¿Qué pide? — La muerte,
El selvático potro que arrastra
A Mazzeppa infeliz en la selva,
Para huir entre espumas de rabia;
El barranco, el torrente, la tumba,
¡El puñal de Manfredo! ¡Venganza!

   Busca á Dios: no le encuentra; iracundo
Llama al Diablo; tampoco le halla;
Y agoniza, diciendo á clamores:
¡Oh luzbel! ¡Oh mi dios, oh mi raza!

   Y tú mismo, poeta marmóreo,
El olímpico, augusto monarca
De las quietas regiones en donde
Se disfruta el placer, no se ama;
Tú, feliz por amado, y no amante.
De las rubias muy rubias, muy blancas,
— ¡Luz! ¡más luz! moribundo decías
Al entrar en la sombra tu alma.

   ¡Ay! es cierto que todos decimos
como Rückert: ¡Dadme alas! ¡Dadme alas!

III

   ¡Oh Destino! La lluvia humedece
En verano la tierra tostada;
En las rocas abruptas retozan,
Su frescor esparciendo las aguas;
Pero el hombre de sed agoniza,

Y sollozan las huérfanas almas:
¿Quién nos trajo? ¿De dónde venimos?
¿Dónde está nuestro hogar, nuestra casa?

1890

LAS MARIPOSAS

Ora blancas cual copos de nieve,
ora negras, azules o rojas,
en miríadas esmaltan el aire
y en los pétalos frescos retozan.
Leves saltan del cáliz abierto,
como prófugas almas de rosas
y con gracia gentil se columpian
en sus verdes hamacas de hojas.
Una chispa de luz les da vida
y una gota al caer las ahoga;
aparecen al claro del día,
y ya muertas las halla la sombra.

¿Quién conoce sus nidos ocultos?
¿En qué sitio de noche reposan?
¡Las coquetas no tienen morada!...
¡Las volubles no tienen alcoba!...
Nacen, aman, y brillan y mueren,
en el aire, al morir se transforman,
y se van sin dejarnos su huella,
cual de tenue llovizna las gotas.

Tal vez unas en flores se truecan,
y llamadas al cielo las otras,
con millones de alitas compactas
el arco iris espléndido forman.
Vagabundas, ¿en dónde está el nido?
Sulamita, ¿qué harén te aprisiona?
¿A qué amante prefieres, coqueta?
¿En qué tumbas dormís, mariposas?

¡Así vuelan y pasan y expiran
las quimeras de amor y de gloria,
esas alas brillantes del alma,
ora blancas, azules o rojas!
¿Quién conoce en qué sitio os perdisteis,
ilusiones que sois mariposas?
¡Cuán ligero voló vuestro enjambre
al caer en el alma la sombra!

Tú, la blanca, ¿por qué ya no vienes?
¿No eres fresco azahar de mi novia?
Te formé con un grumo del cirio
que de niño llevé a la parroquia;
eres casta, creyente, sencilla,
y al posarte temblando en mi boca
murmurabas, heraldo de goces,
«¡Ya está cerca tu noche de bodas!»

¡Ya no viene la blanca la buena!
¡Ya no viene tampoco la roja,
la que en sangre teñí, beso vivo,
al morder unos labios de rosa!
Ni la azul que me dijo: ¡poeta!
¡Ni la de oro, promesa de gloria!
¡Es de noche... ya no hay mariposas!

¡Ha caído la tarde en el alma!
Encended ese cirio amarillo...
¡Las que tienen las alas muy negras
ya vendrán en tumulto las otras,
y se acercan en fúnebre ronda!

¡Compañeras, la pieza está sola!
Si por mi alma os habéis enlutado,
¡Venid pronto, venid mariposas!

1887

LUZ Y SOMBRA

I

Yo soy el ave errante que solitaria llora,
y en áridos desiertos -cruzando siempre va;
sé tú la verde rama que brinde bienhechora
al ave que ya muere dulcísimo solaz.

Yo soy brisa que pasa, yo soy hoja que rueda,
arista que arrebata furioso el huracán;
no sé por do camino, no sé ni en donde pueda
de mi incesante lucha el término encontrar.

Yo soy el sol que se hunde, allá tras la montaña,
envuelto en el sudario rojizo de su luz;
sé tú la blanca aurora que el horizonte baña
y rasga de las sombras el lóbrego capuz.

Yo soy la negra noche, sin luces, sin estrellas:
yo soy cielo de sombras, rugiente tempestad;
sé tú la casta luna que con su luces bellas
disipe de esa noche la horrible obscuridad.

Yo soy la navecilla que el aquilón azota,
y que, sin rumbo, en medio del anchuroso mar;
juguete de los vientos entre arrecifes flota
y sin timón ni brújula se mira zozobrar.

Sé tú la blanca estrella que alumbre mi camino,
el faro que me guíe al puerto de salud;
no dejes que en los brazos de mi cruel destino
me arroje en el abismo y olvide la virtud.

Yo soy la flor humilde sin galas ni belleza,
sin plácidos colores ni aroma embriagador;
tú, pálida azucena de eólica pureza
cuyo perfume casto es hálito de amor.

Mas si la flor humilde amara la azucena,
si venturosa viere premiada su pasión,
alzara, su corola, tal vez de aroma llena,
irguiérase en su tallo al soplo del amor.

II

Yo vivo entre sollozos, mi canto es el gemido,
jamás mi labio entona la estrofa del placer;
mi pecho siempre exhala tristísimo alarido,
mi rostro siempre abate terrible padecer.

Muy lentas son mis horas; muy tristes son mis días;
horribles horizontes limitan mi existir,
caverna pavorosa de obscuras lejanías,
preséntase á mis ojos el negro porvenir.

La luz que iluminaba mi lóbrego camino
y que tranquilos goces en la niñez me dió,
dejándome entre sombras, cual raudo torbellino,
ante mi vista atónita por el espacio huyó.

Tan triste es lo que siento, tan negro lo que veo,
que sólo me consuelan mi llanto y mi gemir;
ya no en la dulce dicha, ni en la ventura creo,
ya sólo me presenta la muerte el porvenir.

La duda con sus garras destroza mi creencia,
marchita con su aliento las flores de mi amor;
hay sombras en mi alma, hay luto en mi conciencia,
mi vida es una estrofa del himno del dolor!

III

Tu vida ángel hermoso, cual cándido arroyuelo,
deslizase entre flores con suave murmurar,
tu corazón es puro como el azul del cielo,
jamás tu frente empañan las nubes del pesar.

Tú ignoras, niña bella, del mundo los engaños,
no sabes cómo muere del alma la ilusión ;
no sabes cómo agotan terribles desengaños
los sueños más hermosos del triste corazón.

No sabes cual se llora al contemplar perdida
aquella fe sublime que guió nuestra niñez;
no sabes cómo amarga las horas de la vida
la duda que nos cerca de eterna lobreguez.

Es blanca tu conciencia y azul tu pensamiento,
rosados horizontes te ofrece el porvenir,
ninguna nube empaña de tu alma el firmamento,
ninguna pena enluta tu plácido existir.

Cuando del sacro templo en las soberbias naves,
murmuras una tierna, purísima oración,
suspenden al oírla, sus cánticos las aves,
y un ángel la conduce al trono del Señor.

Los cielos te sonríen, la tierra te da flores,
las fuentes su murmullo, las aves su cantar;
tu corazón es nido de cándidos amores,
con tu mirada ahuyentas las nubes del pesar.

IV

Mi vida es un suspiro, tu vida una sonrisa;
mi alma negra sombra, la tuya blanca luz;
eres arroyo y ave, eres perfume y brisa;
yo lágrimas y duelo, tristísimo sauz.

Convierte los abrojos de mi cruel destino
con las hermosas flores de tu bendito amor;
y entonces, vida mía, al fin de este camino,
irán nuestras dos almas al trono del Señor.

Tal vez en mi alma existen en sombra aletargados,
los gérmenes sublimes de gloria y majestad:
sin ámbito ni norte dormitan cobijados
en el sudario lúgubre de horrible obscuridad.

Alumbra con tus ojos mi obscura inteligencia,
sé tú, mi vida, el norte que mire mi ambición,
y me alzaré gigante y arrancaré á la ciencia
el más hermoso lauro que anhela el corazón.

Si de tu amor el hálito mi espíritu alentara,
si de tu amor sintiera la llama celestial,
yo el vuelo poderoso con majestad alzara,
y un rayo alcanzaría del sol de lo inmortal.

1876

MADRE NATURALEZA

Madre, madre, cansado y soñoliento
quiero pronto volver a tu regazo;
besar tu seno, respirar tu aliento
y sentir la indolencia de tu abrazo.

Tú no cambias, ni mudas, ni envejeces;
en ti se encuentra la virtud perdida,
y tentadora y joven apareces
en las grandes tristezas de la vida.

Con ansia inmensa que mi ser consume
quiero apoyar las sienes en tu pecho,
tal como el niño que la nieve entume
busca el calor de su mullido lecho.

¡Aire! ¡Más luz, una planicie verde
y un horizonte azul que la limite,
sombra para llorar cuando recuerde,
cielo para creer cuando medite!

Abre, por fin, hospedadora muda,
tus vastas y tranquilas soledades,
y deja que mi espíritu sacuda
el tedio abrumador de las ciudades.

No más continuo batallar: ya brota
sangre humeante de mi abierta herida,
y quedo inerme, con la espada rota,
en la terrible lucha por la vida.

¡Acude madre, y antes que perezca
y bajo el peso, del dolor sucumba;
o abre tus senos, y que el musgo crezca
sobre la humilde tierra de mi tumba!

1881

MARÍA

Sonó la voz de Dios: «Tú, en cuya frente
Quise estampar de mi grandeza el sello,
Derramando sobre ella eternamente
La luz del claro sol; tú, en cuya mente
De mi gloria inmortal puse un destello;

Tú, que del polvo terrenal nacido.
Soberano de espléndido palacio
Te llegaste á mirar, y envanecido,
Mi amor y mi piedad diste al olvido,
A la humana ambición abriendo espacio;

Tú, errante seguirás en lo futuro
La estrecha senda que á seguir acierte
Con temeroso afán tu pie inseguro;
Tú, que la vida despreciaste, impuro.
Verás alzarse por doquier la muerte.»

¡Y errante caminó! ¡Cuán angustiada
Llegó á encontrarse en su primer jornada
La triste humanidad, hasta que el cielo
Piadoso quiso mitigar su duelo
En la cima del Gólgota, sagrada!

Allí fué donde el Dios que el orbe alienta,
El Dios del Sinaí que el rayo lanza;
Y hace escuchar su voz en la tormenta,
Víctima santa de mortal afrenta,
Derramó con su sangre la esperanza.

Aun resuena en los aires condolida
La agonizante voz del mártir fuerte,
Por la voz de los siglos repetida;
El ¡ay! postrero de su triste muerte
Abrió los mundos de la eterna vida.

Y desde entonces, madre cariñosa
El hombre tiene en la sin par María;
Ella calma sus penas bondadosa,
Y del mundo en la noche tempestuosa
Es faro de esperanza y alegría.

Ella es la madre del amor divino
Que sobre el mundo su bondad derrama,
Elle alienta al cansado peregrino,
Abrevia de los males el camino
Y en santo gozo el corazón inflama.

Enjuga el triste llanto del que llora,
Y alivia los dolores del que pena:
Por eso el hombre su favor implora,
Que ella es de todo mal consoladora,
Que ella es de todo bien fuente serena.

Su santo nombre es suave como gota
De avara lluvia en el sediento Estío;
Del arpa del amor mística nota
Que de los senos de la vida brota
Y llena de los seres el vacío.

Nombre que cual profética paloma
Del arca de los tiempos se desprende;

Azucena gentil de suave aroma,
Iris de paz que las borrascas doma,
Luz que la fe del corazón enciende.

Ese nombre los siglos nunca oyeron
Que la cuna del mundo rodearon,
Ni los sabios de Grecia lo entendieron,
Ni las damas de Roma lo tuvieron.
Ni las musas profanas lo cantaron.

Que ni el plácido arroyo que murmura
Bajo el ramaje de la selva umbría,
Ni el ruiseñor que canta en la espesura.
Tienen la suave y mística ternura
Del dulcísimo nombre de María.

¡María! dulce nombre y armonioso,
Primer acento que sonó en mi boca,
¡María! ser angélico y hermoso
Que como escudo fuerte y amoroso
Al hombre guarda que con fe lo invoca.

Casta mujer para sufrir nacida,
Grande cual monte, humilde como helécho,
Madre del que las fuentes de la vida
Al hombre ciego en su furor deicida
Clemente abrió desde el sepulcro estrecho.

No brilló como Venus Afrodita
Por belleza y lascivia de consuno,
Ni renombre gentílico transmite,
Ni el manejo partió, como Anfitrite,
Del húmedo tridente de Neptuno.

Fué una virgen humilde é ignorada,
Como rosa escondida en su capullo,
La madre de Jesús inmaculada,
Que aceptó sus dolores resignada
Y aceptó sus grandezas sin orgullo.

Hija del llanto y madre del consuelo,
Ella es la madre del linaje humano;
Ella ¡la reina mística del cielo!
Calma del hombre el padecer y el duelo,
Y con sublime amor y santo celo
Tiende hacia él su protectora mano.

*

¡Oh, reina inmaculada! Por tu sin par pureza
Tú fuiste la escogida Esposa del Señor,
Y rota y quebrantada por ti fué la cabeza
De la infernal serpiente que nos indujo á error.

Mis ojos te contemplan, hermosa cual ninguna,
Subir hasta los cielos en busca de tu amor;
Y mírase á tus plantas la refulgente luna,
Y cércate la aurora con su rosado albor.

Tus ojos obscurecen la luz de las estrellas,
El aura es tu sonrisa dulcísima y fugaz,
Y el cielo que admiramos, la alfombra de tus huellas,
Y el sol resplandeciente, la sombra de tu faz.

Revélanos tu nombre el murmurar del río,
Repítenlo las aves en lánguida canción,

Y en el mundano suelo lo invoca el hombre impío
Cual dulce mensajero de paz y de perdón.

Te invoca el marinero en la borrasca ruda.
Invócate el soldado en la batalla cruel,
Y al mísero marino tu patrocinio escuda,
Y ciñes al guerrero con inmortal laurel.

Los ángeles te adoran en éxtasis sublime,
Los míseros mortales te elevan su oración;
Porque es tu nombre santo, consuelo del que gime,
Porque nos da tu nombre la paz del corazón.

                    *

¡Tesoro de esperanzas, promesa de cariño,
Iris resplandeciente del cielo espiritual,
Más blanca que los linos, la nieve y el armiño,
Mi fe te ha proclamado desde pequeño niño,
Sin mancha concebida de culpa original!

Al alumbrar mis ojos la luz del nuevo día,
Al toque religioso que invita á la oración,
Y al reclinar mis sienes del sueño á la porfía.
Te ha enviado siempre el alma, Purísima María,
Envuelta en sus plegarias, la fe del corazón.

Á ti caminan siempre mis tristes confidencias,
Mis lúgubres suspiros se elevan siempre á Ti,
Y en los coloquios dulces de santas conferencias
Balsámicos consuelos de todas sus dolencias
El alma apesarada encuentra siempre en Ti.

¡Estrella de los mares! la nave de mi vida
Desmantelada y frágil te plazca dirigir;
Los últimos acentos de mi alma agradecida
Te llamen, virgen santa, sin mancha concebida,
Mis últimas miradas te encuentren al morir.

1877

MIS ENLUTADAS

Descienden taciturnas las tristezas
al fondo de mi alma,
y entumecidas, haraposas, brujas,
con uñas negras
mi vida escarban.

De sangre es el color de sus pupilas,
de nieve son sus lágrimas,
hondo pavor infunden... Yo las amo
por ser las solas
que me acompañan.

Aguárdolas ansioso, si el trabajo
de ellas me separa,
y búscolas en medio del bullicio,
y son constantes,
y nunca tardan.

En las fiestas, a ratos se me pierden
o se ponen la máscara,
pero luego las hallo, y así dicen:
-¡Ven con nosotras!
vamos a casa.

Suelen dejarme cuando sonriendo
mis pobres esperanzas
como enfermitas, ya convalecientes,
salen alegres
a la ventana.

Corridas huyen, pero vuelven luego
y por la puerta falsa
entran trayendo como nuevo huésped
    alguna triste,
     lívida hermana.

Ábrese a recibirlas la infinita
tiniebla de mi alma,
y van prendiendo en ella mis recuerdos
    cual tristes cirios
     de cera pálida.

Entre esas luces, rígido, tendido,
mi espíritu descansa;
y las tristezas, revolando en torno,
    lentas salmodias
     rezan y cantan.

Escudriñan del húmedo aposento
rincones y covachas,
el escondrijo do guardé cuidado
    todas mis culpas,
     todas mis faltas.

Y hurgando mudas, como hambrientas lobas,
las encuentran, las sacan,
y volviendo a mi lecho mortuorio
    me las enseñan
     y dicen: habla.

En lo profundo de mi ser bucean,
pescadoras de lágrimas,
y vuelven mudas con las negras conchas

en donde brillan
gotas heladas.

A veces me revuelvo contra ellas
y las muerdo con rabia,
como la niña desvalida y mártir
muerde a la arpía
que la maltrata.

Pero enseguida, viéndose impotente,
mi cólera se aplaca.
¿Qué culpa tienen, pobres hijas mías,
si yo las hice
con sangre y alma?

Venid, tristezas de pupila turbia,
venid, mis enlutadas,
las que viajáis por la infinita sombra,
donde está todo
lo que se ama.

Vosotras no engañáis: venid, tristezas,
oh mis criaturas blancas,
abandonadas por la madre impía,
tan embustera
por la esperanza!

Venid y habladme de las cosas idas
de las tumbas que callan,
de muertos buenos y de ingratos vivos...
Voy con vosotras,
vamos a casa.

1890

MONÓLOGO DEL INCRÉDULO

A Emilio Rabasa

La existencia no pedida
Que nos dan y conservamos,
¿Es sentencia merecida?
Decidme: ¿vale la vida
La pena de que vivamos?

Si es castigo, cuál pecado,
Sin saberlo, cometimos?
Si premio, ¿por qué ganado?
Sin haberlo demandado,
Responded: ¿por qué vivimos?

Viva, en buena hora, el dichoso:
Si alegre en el mundo está,
Cuide su vida afanoso;
Pero el que sufre, el quejoso,
Decid: ¿por qué no se va?

Dióme el acaso la vida,
Y la muerte apercibida
Desde que nací me espera;
De modo que, cuando quiera.
Tengo franca la salida.

¿Por qué las penas afronto
Y en duro trabajo estoy,
Si puedo marcharme pronto?
Seré torpe, seré tonto,
Pero víctima, no soy!

Por mi voluntad batallo
Con los tropiezos que hallo;
Quejárame de la suerte

Si no existiera la muerte,
Pero como existe, callo!

  ¿Tengo miedo?... ¿Miedo á qué?
¿Al Dios cruel que me dio
Lo que no solicité?
Pues que sin quererlo entré,
Salgamos... y se acabó!

  Si de un Dios á la presencia
Llego, en saliendo de aquí,
Puedo decirle en conciencia
— No me gustó la existencia...
¡Por eso la devolví!

  Si es malo, aunque yo, obediente,
Soporte la vida acá.
Puesto que el dolor consiente,
Seguirá siendo inclemente...
Y si es bueno... premiará.

  El combate es desigual:
Venga la muerte, mejor,
Y sabremos al final
Si ese Dios se llama el Mal
Ó si se llama el Amor.

  ¡Curioso es que soportemos
El trabajo y la aflicción,
Y, necios, nos asustemos
De seres, que no sabemos
Si existen, ni cómo son!

  ¿Es crimen para el forzado
Evadirse cuando pueda?
Pues el hombre condenado
Por no sabe cuál pecado,
Puede fugarse y se queda!

Bien está, si así le place,
Que la existencia no deje,
Si en padecer se complace,
Pero, por gusto lo hace,
Y entonces... que no se queje.

No hay que culpar á la suerte
Ni su maldad reprocharla;
El hombre de ánimo fuerte
No llama tanto á la muerte:
Sale sin miedo á buscarla.

¿Por qué, no obstante, vacilo.
Cuando me brinda reposo
Ese hogar mudo y tranquilo?
¿Por qué de mi vida el hilo
No corto al fin?... ¿ Soy dichoso?

A medida que se avanza
En la senda del vivir.
Cual decrece la esperanza,
Va creciendo en lontananza
La esperanza de morir.

Mas la vida cautelosa
Nos ata con duros lazos,
Y en vano la muerte hermosa
Como una pálida esposa
Nos tiende siempre los brazos.

Con fin perverso y con maña,
Nos va enredando la vida
Entre sus hilos de araña,
Y, aunque la vida nos daña,
No encontramos la salida.

— Es verdad que no pedí
La existencia... la encontré;

Pero luego que nací
A mis padres conocí,
Y, por fuerza, los amé.

    Si el hombre, al nacer, pensara.
De fijo que se matara;
Para afianzar el tormento
Dijo Dios al pensamiento
Que ya muy tarde llegara.

    Tarde... cuando ya abrigamos
No esperanzas, sino amor.
Cuando á los padres amamos...
De modo y forma que estamos
Bien clavados al dolor.

    Tengo derecho á morir,
Mas no derecho á matar:
Y comprendo que al partir,
Si con la muerte he de ir
Me irá mi madre á buscar.

    Puedo matarme sereno,
Pero mi madre adorada
Creerá que entre llamas peno.
Así es que no me condeno
Y á ella dejo condenada.

    ¿Cómo encontrar la salida?
¿Matarla al matarme?... ¡No!
Verdad que me dio la vida
Por mí tan aborrecida,
Mas ¡no supo que era yo!...

    Y cuando el cuello la ciño
Y me oprime el corazón,
Parece que su cariño
A mi alma amante de niño
Le está pidiendo perdón.

¡Oh, qué dolor tan artero!
Mas, por desgracia, bien sé
Que todo aquí es pasajero.
Mi madre se irá primero!...
Y entonces... la seguiré!

Tengo aún que soportar
Ese infinito dolor...
Pero luego... ¡á descansar!
¡Qué bueno sería marchar
En los brazos de su amor!

En este infinito anhelo,
En esta implacable guerra,
Los que nos atan al suelo
No son los monstruos del cielo,
Son los seres de la tierra.

¡Qué vida tan fementida!
¡Cuánta es su astucia! El placer
Nos obliga á dar la vida,
Y á la vida aborrecida
Nos encadena el deber!

Y este placer es fatal!
Es el instinto brutal
Que al destino darnos plugo.
Para asegurar el mal
Que será siempre verdugo.

Yo, que mido el hondo abismo
De la maldad y el dolor,
Con impiedad y cinismo
Quiero dar vidas... yo mismo
Siento la sed del amor.

De suerte que engendraré
Otro ser tan desgraciado,

Y por fuerza lo amaré,
Y en seguida sentiré
Dolor de haberlo engendrado!

¡Ah... Me voy, y así sacudo
Este peso que me agobia!
¿Por qué tiemblo? ¿Por qué dudo?
¡Ay, que sollozando y mudo
Pienso en mi novia... en mi novia!
   ¡Probecita! Casta y buena
Pasaba en su quieto hogar
La vida, siempre serena,
Y, por distraer mi pena,
Fui su alma á despertar.
   Mis promesas de venturas
Están en su mente fijas.
Consuelan sus amarguras,
Y esas esperanzas puras
Son mis hijas ¡son mis hijas
   Di á sus ensueños calor:
Cuando mi existencia acabe
Verá burlado su amor...
Yo sé que todo es dolor,
Pero ella no, ¡no lo sabe!

   ¿Por qué de su amor me escondo?
¿No me ama? Tiembla mi fe,
Y algo muy hondo, muy hondo,
De mi existencia en el fondo
Me contesta: ¡no lo sé!
   Crédula acaso y prendada
De un verso noble y sonoro,
Creyó estar enamorada,

Y á un hombre que es humo, nada,
Dijo temblando: ¡te adoro!

  ¡Quién pudiera descubrir
El móvil de la pasión,
Con otra vida vivir,
Ser otra sangre y latir
Dentro de otro corazón!

  Ver el ensueño adorado
Que ella en su pecho forjó,
Mirarse en él retratado
Y satisfecho y confiado
Poder exclamar: ¡soy yo!

  Tal vez su amor es sincero...
Tal vez con eterna fe
Me da su vida... lo espero...
Pero ¿la quiero?... ¿la quiero?...
Y más tarde, ¿la querré?

  Amar y no ser amado
No es la pena mayor:
Ver el cariño apagado,
No amar ya lo antes amado
Es el supremo dolor.

  Es como al sepulcro ir
Del pequeñuelo querido,
Y quererlo revivir,
Y la tristeza sentir
De hallarlo siempre dormido.

  Es el pensar: ¡allí está!
Pero ya no, ¡ya no es!
Ya se fué donde se va
Lo que nunca volverá,
Lo que no tiene después!

Amor, si has de ver desvío,
Si no han de darte calor,
Tendrás hambre, tendrás frío,
Muérete pronto, amor mío.
Muérete, niño, mi amor!
Si pálido has de mirar
Tu puro y fresco semblante,
Si sólo has de agonizar,
Impotente para amar.
Muere, matando al amante.

¡Oh vida, la selva obscura
Por donde á tientas cruzamos
Con dolor y con pavura,
Si hay fieras en tu espesura
Despiértalas, y muramos!
En vano buscan salida
Las almas desesperadas.
Estás en mi alma, vida,
Como el puñal en la herida!
¡Yo, con las manos atadas!
Y tu poder es tan fuerte
Y tal luchamos los dos,
Que he llegado á aborrecerte:
Ó ven más aprisa ¡oh muerte!
Ó surge en mi sombra ¡oh Dios!

1887

NADA ES MÍO

Me preguntas ¡oh, Rosa! ¿cómo escribo?
¿De qué manera, con menudas hojas,
Cintas de seda y pétalos de flores,
Voy construyendo estancia por estancia?
Yo mismo no lo sé! Como la tuya
Es, Rosa de los cielos, mi ignorancia!

Yo no escribo mis versos, no los creo;
Viven dentro de mí; vienen de fuera:
A ése, travieso, lo formó el deseo;
Á aquél, lleno de luz, la Primavera!

Á veces en mis cantos colabora
Una rubia magnífica: la aurora!
Hago un verso y lo plagio sin sentirlo
De algún poeta inédito, del mirlo,
Del parlanchín gorrión ó de la abeja
Que, silbando á las bellas mariposas,
Se embriaga en la taberna de las rosas.
Los versos que más amo, los que expresan
Mis ansias y mis íntimos cariños.
Esos versos que lloran y que besan,
¿Sabes tú lo que son? Risas de niños.

Otras veces me ayudan las estrellas
Y sus rayos de luz trazan en mi alma
Líneas celestes y figuras de oro.
Aquel soné o á Dios, es del Boyero:
De Sirio deslumbrante, esa cuarteta,
Y ese canto á la rubia que yo quiero
Fué escrito por la cauda del cometa.

Yo escucho nada más, y dejo abiertas
De mi curioso espíritu las puertas.
Los versos entran sin pedir permiso;
Mi espíritu es su casa: Dios los manda
Con cédula formal del Paraíso
Para que aloje á la traviesa banda.
Algunos á mis castas ilusiones
Escandalizan con su alegre charla:
Esos son los soldados, los dragones,
Los que trae, en su clámide sombría,
«Húmeda noche tras caliente día.»
Otros de aquellos huéspedes pequeños
Se detienen muy poco: los risueños.
Cantan, mis penas con su voz consuelan,
Sacuden las alitas y se vuelan!

Los tristes... ¡esos sí que son constantes!
Alguno como lúgubre corneja
Posada en la cornisa de la torre.
Mientras la noche silenciosa corre
Hace ya mucho tiempo que se queja!

No soy poeta: ya lo ves! en vano
Halagas con tal título mi oído,
Que no es zenzontle ó ruiseñor el nido
Ni tenor ó barítono el piano!

1884

NON OMNIS MORIAR

¡No moriré del todo, amiga mía!
De mi ondulante espíritu disperso,
algo en la urna diáfana del verso,
piadosa guardará la poesía.

¡No moriré del todo! Cuando herido
caiga a los golpes del dolor humano,
ligera tú, del campo entenebrido
levantarás al moribundo hermano.

Tal vez para entonces por la boca inerme
que muda aspira la infinita calma,
oigas la voz de todo lo que duerme
con los ojos abiertos de mi alma.

Hondos recuerdos de fugaces días,
ternezas tristes que suspiran solas;
pálidas, enfermizas alegrías
sollozando al compás de las violas...

Todo lo que medroso oculta el hombre
se escapará vibrante, del poeta,
en áureo ritmo de oración secreta
que invoque en cada cláusula tu nombre.

Y acaso adviertas que de modo extraño
suenan mis versos en tu oído atento,
y en el cristal, que con mi soplo empaño,
mires aparecer mi pensamiento.

Al ver entonces lo que yo soñaba,
dirás de mi errabunda poesía:
era triste, vulgar lo que cantaba...
mas, ¡qué canción tan bella la que oía!

Y porque alzo en tu recuerdo notas
del coro universal, vívido y almo;
y porque brillan lágrimas ignotas
en el amargo cáliz de mi salmo;

porque existe la Santa Poesía
y en ella irradias tú, mientras disperso
átomo de mi ser esconda el verso,
¡no moriré del todo, amiga mía!

1893

ONDAS MUERTAS

A Luis Medrano

En la sombra debajo de tierra,
donde nunca llegó la mirada,
se deslizan en curso infinito
silenciosas corrientes de agua.

Las primeras, al fin, sorprendidas,
por el hierro de rocas taladra,
en inmenso penacho de espumas
hervorosas y límpidas saltan.

Mas las otras, en densa tiniebla,
retorciéndose siempre resbalan,
sin hallar la salida que buscan,
a perpetuo correr condenadas.

A la mar se encaminan los ríos,
y en su espejo movible de plata,
van copiando los astros del cielo
o los pálidos tintes del alba:

ellos tienen cendales de flores,
en su seno las ninfas se bañan,
fecundizan los fértiles valles,
y sus ondas son de agua que canta.

En la fuente de mármoles níveos,
juguetona y traviesa es el agua,
como niña que en regio palacio
sus collares de perlas desgrana;

ya cual flecha bruñida se eleva,
ya en abierto abanico se alza,
de diamantes salpica las hojas
o se duerme cantando en voz baja.

En el mar soberano las olas
los peñascos abruptos asaltan;
al moverse, la tierra conmueve
y el tumulto los cielos escalan.

Allí es vida y es fuerza invencible,
allí es reina colérica el agua,
como igual con los cielos combate
y con dioses monstruosos batalla.

¡Cuán distinta la negra corriente
a perpetua prisión condenada,
la que vive debajo de tierra
do ni yertos cadáveres bajan!

La que nunca la luz ha sentido,
la que nunca solloza ni canta,
esa muda que nadie conoce,
esa ciega que tiene esclava.

Como ella, de nadie sabidas,
como ella, de sombras cercadas,
sois vosotras también, las oscuras
silenciosas corrientes de mi alma.

¿Quién jamás conoció vuestro curso?
¡Nadie a veros benévolo baja!

Y muy hondo, muy hondo se extienden
vuestras olas cautivas que callan.

   Y si paso os abrieran, saldríais,
como chorro bullente de agua,
que en columna rabiosa de espuma
sobre pinos y cedros se alza.

   Pero nunca jamás, prisioneras,
sentiréis de la luz la mirada:
¡seguid siempre rodando en la sombra,
silenciosas corrientes del alma!

1887

PARA EL ÁLBUM

El verso es ave: busca entumecido
follaje espeso y resplandores rojos:
¿Qué nido más caliente que tu nido?
¿Qué sol más luminoso que tus ojos?

1883

PARA ENTONCES

Quiero morir cuando decline el día,
en alta mar y con la cara al cielo,
donde parezca sueño la agonía,
y el alma, un ave que remonta el vuelo.

No escuchar los últimos instantes,
ya con el cielo y con el mar a solas,
más voces ni plegarias sollozantes
que el majestuoso tumbo de las olas.

Morir cuando la luz, triste, retira
sus áureas redes de la onda verde,
y ser como ese sol que lento expira:
algo muy luminoso que se pierde.

Morir, y joven: antes que destruya
el tiempo aleve la gentil corona;
cuando la vida dice aún: soy tuya,
aunque sepamos bien que nos traiciona.

1887

PARA EL CORPIÑO

Las campánulas hermosas,
¿sabes tú qué significan?
Son campanas que repican
en las nupcias de las rosas.
-Las campánulas hermosas
son campanas que repican.

¿Ves qué rojas son las fresas?
Y más rojas si las besas...
¿Por qué es rojo su color?
Esas fresas tan suaves
son la sangre de las aves
que asesina el cazador.

Las violetas pudorosas,
en sus hojas escondidas,
las violetas misteriosas
son luciérnagas dormidas.
¿Ves mil luces cintilantes
tan brillantes cual coquetas,
nunca fijas, siempre errantes?
¡es que vuelan las violetas!
La amapola ya es casada;
cada mirto es un herido;
la gardenia inmaculada
en la blanca desposada
esperando al prometido.

Cuando flores tú me pides
y te mando "no me olvides".
y esas flores pequeñitas

que mi casto amor prefiere,
a las blancas margaritas
les preguntan; «¿No lo quiere?»

   «¡No me olvides!» Frescas flores
te prodigan sus aromas
y en tus hombros seductores
se detienen las palomas.
¡No hay invierno! ¡No hay tristeza!
Con amor, naturaleza
todo agita, todo mueve...,
luz difunde, siembra vidas...

   ¿Ves los copos de la nieve?
¡Son palomas entumidas!
Tiene un alma cuanto es bello;
los diamantes son los trémulos amantes
de tu cuello.
La azucena que te envío
es novicia que profesa,
y en tu boca es una fresa
empapada de rocío.

   Buenos dioses tutelares,
¡dadme ramos de azahares!

...Si me muero, dormir quiero
bajo flores compasivas...
¡Si me muero, si me muero,
dadme muchas siemprevivas!

1887

PARA UN MENÚ

Las novias pasadas son copas vacías;
en ellas pusimos un poco de amor;
el néctar tomamos... huyeron los días...
¡Traed otras copas con nuevo licor!

Champán son las rubias de cutis de azalia;
Borgoña los labios de vivo carmín;
los ojos oscuros son vino de Italia,
los verdes y claros son vino de Rhin.

Las bocas de grana son húmedas fresas;
las negras pupilas escancian café;
son ojos azules las llamas traviesas
que trémulas corren como almas del té.

La copa se apura, la dicha se agota;
de un sorbo tomamos mujer y licor...
Dejemos las copas... Si queda una gota,
¡que beba el lacayo las heces de amor!

1888

PAX ANIMÆ

Después de leer a dos poetas

¡Ni una palabra de dolor blasfemo!
Sé altivo, sé gallardo en la caída,
y ve, poeta, con desdén supremo
todas las injusticias de la vida.

No busques la constancia en los amores,
no pidas nada eterno a los mortales,
y haz, artista, con todos tus dolores,
excelsos monumentos sepulcrales.

En mármol blanco tus estatuas labra,
castas en la actitud aunque desnudas,
y que duerma en sus labios la palabra
y se muestren muy tristes... ¡pero mudas!

¡El nombre!... Débil vibración sonora
que dura apenas un instante. ¡El nombre!...
¡Ídolo torpe que el iluso adora,
última y triste vanidad del hombre!

¿A qué pedir justicia ni clemencia
-si las niegan los propios compañeros
a la glacial y muda indiferencia
de los desconocidos venideros?

¿A qué pedir la compasión tardía
de los extraños que la sombra esconde?
Duermen los ecos en la selva umbría
y nadie, nadie a nuestra voz responde.

En esta vida el único consuelo
es acordarse de las horas bellas
y alzar los ojos para ver el cielo...
cuando el cielo está azul o tiene estrellas.

Huir del mar y en el dormido lago
disfrutar de las ondas el reposo.
Dormir... soñar... El sueño, nuestro mago,
es un sublime y santo mentiroso.

¡Ay! es verdad que en el honrado pecho
pide venganza la reciente herida,
pero... perdona el mal que te hayan hecho
¡todos están enfermos de la vida!

Los mismos que de flores se coronan,
para el dolor, para la muerte nacen...
Si los que tú más amas te traicionan
¡perdónalos, no saben lo que hacen!

Acaso esos instintos heredaron
y son los inconscientes vengadores
de razas o de estirpes que pasaron
acumulando todos los rencores.

¿Eres acaso el juez? ¿El impecable?
¿Tú la justicia y la piedad reúnes?
¿Quién no es fugitivo responsable
de alguno o muchos crímenes impunes?

¿Quién no ha mentido amor y ha profanado
de un alma virgen el sagrario augusto?

¿Quién está cierto de no haber matado?
¿Quién puede ser el justiciero, el justo?

¡Lástimas y perdón para los vivos!
Y así, de amor y mansedumbre llenos,
seremos cariñosos, compasivos
y alguna vez, acaso, acaso buenos!

¿Padeces? Busca a la gentil amante,
a la impasible e inmortal belleza,
y ve apoyado, como Lear errante,
en tu joven Cordelia: la tristeza.

Mira: se aleja perezoso el día.
¡Qué bueno es descansar! El bosque oscuro
nos arrulla con lánguida armonía...
El agua es virgen. El ambiente es puro.

La luz cansada, sus pupilas cierra;
se escuchan melancólicos rumores,
y la noche, al bajar, dice a la tierra:
«¡Vamos, ya está... ya duérmete, no llores!»

Recordar... Perdonar... Haber amado...
Ser dichoso un instante, haber creído...
Y luego... reclinarse fatigado
en el hombro de nieve del olvido.

Sentir eternamente la ternura
que en nuestros pechos jóvenes palpita,
y recibir, si llega, la ventura,
como a hermosa que viene de visita.

Siempre escondido lo que más amamos,
siempre en los labios el perdón risueño;
hasta que al fin ¡oh tierra! a ti vayamos
con la invencible lasitud del sueño.

Esa ha de ser la vida del que piensa
en lo fugaz de todo lo que mira,
y se detiene, sabio, ante la inmensa
extensión de tus mares ¡oh mentira!

Corta las flores, mientras haya flores;
perdona las espinas a las rosas...
¡También se van y vuelan los dolores
como turbas de negras mariposas!

Ama y perdona. Con valor resiste
lo injusto, lo villano, lo cobarde...
Hermosamente pensativa y triste
está al caer la silenciosa tarde.

Cuando el dolor mi espíritu sombrea
busco en las cimas claridad y calma,
y una infinita compasión albea
en las heladas cumbres de mi alma.

1890

PECAR EN SUEÑOS

Poema en un canto

I

Por más que tercamente te resistas
A creer lo que digo, sin remedio
Tu espíritu ha ser mientras existas,
Un bostezo larguísimo de tedio!
Eres de esas castas soñadoras
A quienes nunca sacia lo visible,
Raza de visionarias encantadas
Que vienen y se van enamoradas,
Del amor;... qué sé yo... ¡de lo imposible!
Yo sé de buena fuente
Que al cerrar por las noches tus balcones
Sueles dejar abiertos los postigos,
Por donde entran todas la visiones.
Sé que de noche buscas temerosa
Si alguien se ocultó tras las cortinas,
Y que vas con tu lámpara medrosa,
Alumbrando del cuarto las esquinas.
Con miedo de encontrar tras el piano
Y hasta debajo de tu tibio lecho,
El hosco ceño de ladrón villano,
De honra ó de riquezas en acecho.
¡Inútil precaución! que cuando apagas,
Para dormir en calma, la bujía,
Miras en torno tuyo sombras vagas
Que salen de tu propia fantasía.
Huéspedes son de tu caliente alcoba,
Pueblan el aire mismo que respiras.

Retozan juguetonas en tu lecho,
Si duermes, se recogen en tu pecho,
Y vagan en la atmósfera si miras.

Vosotras, las mujeres,
Tenéis ya tristes, graves ó risueños,
Una turba fantástica de seres
Que se nutren de ansias y de sueños.
¿Quiénes son? Dios lo sabe. Las pasiones
Acaso que despiertan y palpitan.
Andan, bullen, se agitan,
Su vaga muchedumbre te rodea.
Sientes al verlos bienestar extraño.
La misteriosa pubertad los crea
Y llegan á morir cuando clarea
En el alma la luz del desengaño.
No sueñes: ten, por Dios, el pensamiento
En la quietud y el corazón en calma:
El sueño es un vampiro para el alma.
Más tarde lo verás. Escucha un cuento.

II

Unieron á Beatriz, con mal consejo,
Llevados por el ansia de riqueza,
Á un hombre bonachón y casi viejo
Capaz de entristecer á la tristeza.
De añejos gustos y de alma fría,
De condición raquítica y liviana,
Por olvido del tiempo no tenía
Aquel marido la cabeza cana.
Hay hombres como éstos que lo hacen
Todo tan impasibles y serenos,
Que se presume, á mi entender, que nacen

Con cincuenta Diciembres por lo menos.
Ella, era otra cosa;
Hermosa, sí por cierto, muy hermosa,
Con el candor de quince primaveras,
Y con gustos de niña consentida,
Entraba por las puertas de la vida
Con un gran equipaje de quimeras.
Tan niña era, y el adusto arreo
De la mujer tan mal se le ajustaba,
Que al andar, cuando iba de paseo,
Más que andar, parecía que saltaba.
Del buen marido con las manos secas.
Las manos de Beatriz contraste hacían:
Como que aún las de la niña olían
Al barniz con que pintan las muñecas.
Era Beatriz tan niña, que al casarse.
Obedeciendo al padre que mandaba.
No pensó ni siquiera en preguntarse
Si iba al matrimonio porque amaba;
Y en la víspera misma todavía,
Poco antes de ir á los altares,
Sólo pensó lo bella que estaría
Con su bella corona de azahares!
¡Oh, pueril inquietud de los placeres!
¡Oh, dichas juveniles y secretas!
Antes de ser mujeres las mujeres
Ya tienen algo, mucho, de coquetas.

III

Después de algunos meses,
En el hogar y la quietud pasados
Aquellos dos esposos que vivían

De alma y caracteres divorciados,
Comenzaron á ver cuán loco era
Su consorcio formado sin acierto,
Y que, más que consorcio, parecía
Soldadura de un vivo con un muerto.
Las niñas se transforman de repente;
Beatriz fué despertando como todas,
Y discurriendo ya más cuerdamente.
Vio que los azahares de las bodas
Punzaban como espinas en su frente.
Casarse sin amor es horroroso;
Con la dicha del alma no se juega:
El amor es un huésped perezoso;
Suele tardará veces, pero llega!
¿Ama Beatriz? Seguro.
¿Y á quién? ¡Dios sabe! Para ser tan puro,
No ha menester Amor de los sentidos.
Sale del alma misma como salen
Las aves, gorjeando, de sus nidos.
Se ama sin saber á quién ni cómo,
A algo que nosotros componemos
Y que vive, nos mira,
Y en nuestra misma atmósfera respira:
Es el íntimo amor, es el deseo
En múltiples ficciones transmigrando,
De algo misterioso la venida,
Una sed insaciable de terneza,
La pregunta que hace á la pureza,
El monólogo eterno de la vida!
Ello es que la calma
Perdió Beatriz; mas fiel á sus deberes,
Vivió como muchísimas mujeres
Sin pecar, pero adúltera del alma.

Comenzó la heroína
Por hacer un examen del marido,
Y amor que se detiene y examina
— Ténlo por gran verdad — está perdido!
Vio que sus rancios gustos
Eran harto distintos de los suyos,
Que cuando él dormía
Los dientes como viejo se quitaba.
Que sus canas teñía
Y que después de la oración tosía
Y con agua y aceites se curaba.
Y vio su hogar, tan solo, tan helado,
Como la torva celda del presidio,
Y oyó, como incitándole al pecado
La sarcástica risa del fastidio.
Cumpliendo su deber como cristiana,
Su cuerpo no manchó culpa ninguna,
Pero entraba su amor por la ventana
Traído por un rayo de la luna.
¡Inútil resistir 1 En vano quiso
Luchar con la corriente que nos lleva,
Y lloró, lloró tanto como Eva
Al caer con Adán del paraíso!

IV

  Así Beatriz al confesor decía:
«Padre, padre, me muero de congoja,
«En mi pecho fermentan las pasiones
«Y salen de mi ser las ilusiones
«Como los muertos que la mar arroja.
«Decidme si mi empeño
«De querer lo ideal es criminoso.

«¿Por qué no tengo amor para mi esposo

«¿Será pecado, padre, lo que sueño?

«Quiero ser buena, sí, quiero ser buena;

«Este aire me asfixia, padre mío,

«Y necesito amor cual la azucena,

«Necesito los besos del rocío.

«A ratos me parece

« Que una voz resuena en mis oídos

«Y que todo mi espíritu se mece

« En atmósferas tibias, impregnadas

« Del aroma que sale de los nidos.

« Ayer, hora tras hora,

« Poco después de clarear la aurora,

« Y cuando aun brillaban los luceros

«Estuve casi triste, contemplando

«Cuan alegres se estaban picoteando,

« Ocultos en su jaula, los jilgueros.

« Y sin saber la causa pensé luego

« En yo no sé qué goces ignorados,

«En el amor............. en todo,

«En mis sueños de joven sonrosados,

«En yo no sé qué más, pero de modo

«Tan terco, tan extraño, tan demente,

«Que ya los pensamientos me aturdían,

«Y sin poder quitarlos proseguían

«Pegados como sombras á mi frente

....

....

«Luego, mirando con delicia rara,

«Cómo jugaban juntos dos pequeños,

«En uno parecióme ver la cara

«Del fantástico novio de mis sueños.

«Es mi amante soñado:

«Es joven, es apuesto: me provoca
«Con la mirada dulce y adormida,
«Y al contemplarle muévese mi boca
«Con una convulsión nunca sentida.
«Ser, que por la existencia me acompaña,
«Le miro siempre con cariño santo,
«A través de las gotas de mi llanto,
«Que tiemblan, al caer, en la pestaña.
«Yo quisiera de mí desvanecerle:
«Cierro los ojos si mi fe vacila...
«¡Qué haré, padre, qué haré para no verle,
« Si está en el interior de mi pupila?»

V

Al hablar la inocente pecadora
Era su angustia tanta
Que hinchábase, por grados, incolora,
Cargada de sollozos su garganta.
Sus ojos de las órbitas saliendo
De mirar tanto, tanto, no veían,
Y las calientes lágrimas corriendo
De un color rojizo los teñían;
Sus dedos enredándose de angustia.
Del rosario las cuentas apretaban,
Mientras, á fuerza de llorar, quedaban
Secos sus ojos y su cara mustia!

VI

Tormentos tan crueles padeciendo,
Amando sin amar á hombre ninguno;
La Beatriz de que te hablo... fué viviendo

Un año, dos, y tres... ¡hasta veintiuno!
Su cuerpo enflaquecido
Era como de blanca porcelana,
Y su dulce mirar entristecido
El de una mártir de la fe cristiana;
En sus sienes que ansias juveniles
Golpeaban, á impulso de las penas,
Dibujábanse tristes los perfiles
De la red azulosa de las venas.

VII

    En el cuerpo enfermizo,
Que la hermosura y el pudor aduna,
La forma terrenal se desvanece,
Y tanto, de tal suerte, que parece
Tejido con los rayos de la luna.

VIII

De tal modo Beatriz se fué extenuando;
Y, sin ser sombra ya de lo que era,
Fué tomando, tomando
El color amarillo de la cera.
En vano su marido, cien doctores
Llamó para curar daño tan fuerte;
Que hay en la vida males y dolores
Cuyo médico único es la muerte.
¿Y qué tenía? Nada,
Era una consunción inexplicable.
Era una enfermedad desconocida,
Lo cual quiere decir... lo irremediable:
El divorcio del alma con la vida.

Esos ojos que tanto conversaron
En lenguaje ideal con las estrellas,
A fuerza de mirarlas, se quedaron
Inmóviles y tristes como ellas.
Para morir en su caliente nido
Vistió la esposa sus mejores galas,
Cerró los ojos, y se oyó un ruido.
Como ligero movimiento de alas!

IX

No sueñes; ya lo ves, las que se entregan
A soñar, á soñar tan sin medida.
Atraviesan dolientes por la vida,
Esperando las cosas que no llegan.

No llegues á creer, como yo creo.
En el amor que délos cielos baja,
Ni mires en los aires cómo cuaja
El vapor impalpable del deseo.
Si quieres ser feliz en esta tierra,
Sin soñar en la dicha que no viene,
Has de ser como el agua que se aviene
Al molde de la taza que la encierra!

1879

POR LA VENTANA

Prostituir al amor.... Llegar artero,
de noche, entre las sombras, recatado
esquivando los pasos y, mañero,
la faz hundida y el embozo alzado.

Tender la escala con la vista alerta,
trepar por la pared que se desgrana,
y adonde todos entran por la puerta,
entrar como ladrón, por la ventana.

Apagada la luz, hablando quedo,
temerosos, convulsos, vergonzantes:
sintiendo juntos el amor y el miedo
contar con avaricia los instantes.

Querer que calle hasta el reloj pausado
que cuelga en la pared, alto y sombrío;
ser joven, ser amante, ser amado
y estando juntos ¡tiritar de frío!

Sentir el hielo que en las venas cunde
cuando los nervios crispa el sobresalto;
y maldecir a luna si difunde
su delatora luz sobre lo alto.

Buscar lo más obscuro de la alcoba
y ver, con vago miedo, las junturas
por donde entra la luz, como quien roba,
cobarde, vil, con antifaz y a obscuras.

   Y temblar de pavor si ladra el perro
y si las ondas de la fuente gimen,
de lo que es aire, sol, hacer encierro,
de lo que es derecho, hacer un crimen.

   Besar con miedo, sin rumor, aprisa,
ir siempre de puntillas por la alfombra
y si al cristal hizo crujir la brisa,
temblar pensando que una voz nos nombra.

   Cuando canta la alondra, retirarse
atravesando la desierta sala,
y suspenso en el aire, deslizarse,
como vil bandolero por la escala.

   Haber envenenado una existencia,
convertido en dolores el contento,
y huésped sepulcral de la conciencia,
albergar un tenaz remordimiento.

   Ver encenderse su mejilla roja
temiendo acaso que el pavor la venza,
y al hablarle mirar que se sonroja
y que baja los ojos de vergüenza.

   Ese no es el amor: amor robado,
que se viste de falso monedero;
ese no es el amor que yo he soñado,
y, si ese es el amor, ¡yo no lo quiero!

1886

RÁFAGAS

La noche se acerca: ya asaltan al cielo
Cien nubes siniestras de negro color;
Las aves abaten, temblando, su vuelo,
Y en alto picacho se abriga el cóndor.

Eolo despliega sus alas gigantes
Y agítase y ruge tremendo huracán;
Las olas sollozan con tumbos sonantes
Y salta en las aguas el tardo caimán.

Su tronco altanero doblega la encina,
La selva robusta se humilla también.
Y al paso del viento sus ramas inclina
El cedro del monte con lento vaivén.

¡Qué negra es la noche! ¡qué triste el ruido
Del trueno que imita titánica voz!
Fosfórica lumbre de rayo encendido
Alumbra doquiera mi marcha veloz.

Corcel, al galope traspasa el sendero;
Cercano del valle se mira el confín;
Nervioso sacude tus miembros de acero
Y tiende á los vientos tu espléndida crin.

No tiembles si el rayo retumba en el cielo.
No tiembles si rugen las olas del mar,
Tus cascos ferrados estampa en el suelo
Y el eco repita tu ronco piafar.

La lluvia comienza; del agua las gotas
Con sordo ruido se miran caer;
Revuela en el viento tropel de gaviotas,
Y sombras envuelven la tierra doquier.

Oculto en el antro de negra guarida
Sus ojos ardientes asoma el león...
Y el grito repiten de hiena perdida
Las cóncavas rocas del negro peñón.

Los vientos silbando los troncos descuajan,
Serpientes de fuego derraman su luz,
Y cien y cien rayos las ramas desgajan
Del olmo robusto, del verde sauz.

Huyamos, huyamos; al viento tendida,
Piafando, sacude tu espléndida crin,
Y cruza los valles sin freno ni brida
Espuma brotando de tu ancha nariz

1877

RESUCITARÁN

Los pájaros que en sus nidos
mueren, ¿a dónde se van?
¿Y en qué lugar escondidos
están, muertos o dormidos,
los besos que no se dan?

Nacen, y al punto traviesos
hallar la salida quieren;
¡pero como nacen presos,
se enferman pronto mis besos
y, apenas nacen, se mueren!

En vano con raudo giro
éste a mis labios llegó.
Si lejos los tuyos miro...
¿sabes lo que es un suspiro?
¡Un beso que no se dio!

¡Qué labios tan carceleros!
¡Con cadenas y cerrojos
los aprisionan severos.,
y apenas los prisioneros
se me asoman a los ojos!

¡Pronto rompe la cadena
de tan injusta prisión,
y no mueran más de pena,
que ya está de besos llena
la tumba del corazón!

¿Qué son las bocas? Son nidos.
¿Y los besos? ¡Aves locas!
Por eso, apenas nacidos,
de sus nidos aburridos
salen buscando otras bocas.

¿Por qué en cárcel sepulcral
se trueca el nido del ave?
¿Por qué los tratas tan mal,
si tus labios de coral
son los que tienen la llave?

-Besos que, apenas despiertos,
volar del nido queréis
a sus labios entreabiertos,
en vuestra tumba, mis muertos,
dice: ¡Resucitaréis!

¿Sabes lo que es un suspiro?
Un beso que no se dio...
¡Con cadena y cerrojos
los aprisionan severos,
y apenas los prisioneros
se me asoman a los ojos!

¡Pronto rompen la cadena
de tan injusta prisión,
y no mueren más de pena
que ya está de besos llena
la tumba del corazón!

¿Qué son las bocas? Son nidos.
¿Y los besos? ¡Aves locas!

Por eso, apenas nacidos,
de sus nidos aburridos
salen buscando otras bocas.

   ¿Por qué en cárcel sepulcral
se trueca el nido del ave?
¿Por qué los tratas tan mal,
si tus labios de coral
son los que tienen la llave?

   Besos que, apenas despiertos,
volar del nido queréis
a sus labios entreabiertos
en vuestra tumba, mis muertos,
dice: ¡Resucitaréis!

1886

TO BE

¡Inmenso abismo es el dolor humano!
¿Quién vio jamás su tenebroso fondo?
Aplicad el oído á la abra obscura
De los pasados tiempos...
                    Dentro cae
Lágrima eterna!
                    A las inermes bocas
Que en otra edad movió la vida nuestra
Acercaos curiosos...
                    ¡Un gemido
Sale temblando de los blancos huesos!
La vida es el dolor. Y es vida obscura,
Pero vida también la del sepulcro.
La materia disyecta se disuelve;
El espíritu eterno, la substancia,
No cesa de sufrir. En vano fuera
Esgrimir el acero del suicida,
El suicidio es inútil! Cambia el modo,
El ser indestructible continúa!
  ¡En ti somos. Dolor, en ti vivimos!
La suprema ambición de cuanto existe
Es perderse en la nada, aniquilarse,
Dormir sin sueños...!
                    ¡Y la vida sigue
Tras las heladas lindes de la tumba!
No hay muerte! En vano la llamáis á voces,
Almas sin esperanza! Proveedora
De seres que padezcan, la implacable
A otro mundo nos lleva. «No hay descanso!
Queremos reposar un solo instante

Y una voz en la sombra dice: ¡Anda!
Sí: ¡la vida es mal! Pero la vida
No concluye jamás. El dios que crea,
Es un esclavo de otro dios terrible
Que se llama el Dolor. Y no se harta
El inmortal Saturno! ¡Y el espacio,
El vivero de soles, lo infinito,
Son la cárcel inmensa, sin salida,
De almas que sufren y morir no pueden!
¡Oh, Saturno inflexible, al fin acaba.
Devora lo creado y rumia luego.
Ya que inmortales somos, nuestras vidas!
Somos tuyos, Dolor, tuyos por siempre!
Mas perdona á los seres que no existen
Sino en tu mente que estimula el hambre...
¡Perdón, oh Dios, perdón para la nada!
Sacíate ya. ¡Que la matriz eterna,
Engendradora del linaje humano,
Se torne estéril... que la vida pare...
¡Y ruede el mundo cual planeta muerto
Por los mares sin olas del vacío!

1886

TRES AMANTES

I

¿Quién eres? — Un guerrero. Mi espada vencedora
Cien pueblos ha ganado.
Cuentan que no hay espejo más noble, mi señora,
Que el peto del soldado.
Creí ser indomable. ¡Mentira! Tu hermosura
Mi altiva frente humilla;
El paladín hercúleo de bélica armadura
Temblando se arrodilla.—
— ¡Aparta! No me sirven, guerrero, tus laureles!
Busco mejor vasallo;
No estorbes mi camino. ¡Apártate, que hueles
A crines de caballo! —

II

— Señora, soy el bardo. Poder ninguno iguala
Al noble poder mío;
Esmaltan las estrellas las plumas de mi ala
Cual gotas de rocío,
En mí reside y obra la potestad que crea
Espíritus y mundos;
No hay águila que vuele mas alto que mi idea,
Ni abismos más profundos!
Yo haré de tu belleza la estatua de alabastro,
La Venus victoriosa:
De tu palabra, el himno; de tu mirada, el astro;
De la mujer, la diosa!
Como diamantes sueltos, en tus cabellos rubios
Titilarán luceros;

Y te daré por siervos, en vez de esclavos nubios.

Los siglos venideros!

— ¡Aparta! No con trovas ni voces de profeta

Molestes más mi oído;

Desprecio tus amores. ¡Apártate, poeta!

¡Remienda tu vestido!—

III

¿Quién eres? — El que mancha las almas, y el que

roba]

La honra y el decoro.

La cinta de tu veste, la llave de tu alcoba,

¡El oro... soy el oro!

El viejo lujurioso que por la puerta espía

El baño de Susana;

La Celestina ronca, la repugnante harpía

Que ofrece cortesana.

Te espero. Yo soy Fausto. Como antes Margarita,

Del templo también sales:

Me acerco, y en tu oído, que trémulo palpita.

Murmuro: ¿cuánto vales?

Siebel enamorado te aguarda con un ramo

Para adornar tu pecho...

¿Qué importa? Seré siempre para tu alma, el amo;

Para tu cuerpo, el lecho!

Tu castidad es cirio, respeto de los buenos,

Que yo al pasar apago;

De mármol son tus brazos; de mármol son tus senos.

No importa: yo los pago.

Comercia con tus gracias, trafica tus hechizos

Y vende cuanto puedas;

Si amante me recibes, el oro de tus rizos
                Convertiré en monedas.
Se acerca el que esperabas. Entre mis áureos brazos
                Todo placer se encuentra...

                    IV

  La joven desanuda de su corsé los lazos
            Y dice al crimen: ¡Entra!

1886

SI TÚ MURIERAS

Anoche, mientras fijos tus ojos me miraban
y tus convulsas manos mis manos estrechaban,
      tu tez palideció.
¿Qué hicieras —me dijiste— si en esta noche misma
tu luz se disipara, si se rompiera el prisma,
      si me muriera yo?

¡Ah! deja las tristezas al nido abandonado,
las sombras a la noche, los dardos al soldado,
      los cuervos al ciprés.
No pienses en lo triste que sigiloso llega;
los mirtos te coronan, y el arroyuelo juega
      con tus desnudos pies.

La juventud nos canta, nos ciñe, nos rodea;
es grana en tus mejillas; en tu cerebro, idea,
      y entre tus rizos, flor;
tenemos en nosotros dos fuerzas poderosas,
que triunfan de los hombres y triunfan de las cosas:
      ¡La vida y el amor!

Comparte con mi alma tus penas y dolores,
te doy mis sueños de oro, mis versos y mis flores
      a cambio de tu cruz.
¿Por qué temer los años si tienes la hermosura;
la noche, si eres blanca; la muerte, si eres pura;
      la sombra, si eres luz?

Seré, si tú lo quieres, el resistente escudo
que del dolor defienda tu corazón desnudo;
      y si eres girasol,

seré la pare oscura que en hondo desconsuelo
sin ver jamás los astros se inclina siempre al suelo;
       tú, la que mira al sol.

La muerte está muy lejos; anciana y errabunda,
evita los senderos que el rubio sol fecunda,
       y por la sombra va;
camina sobre nieve, por rutas silenciosas,
huyendo de los astros y huyendo de las rosas;
       ¡la muerte no vendrá!

La vida, sonriendo, nos deja sus tesoros.
¡Abre tus negros ojos, tus labios y tus poros
       al aire del amor!
Como la madre monda las frutas para el niño,
Dios quita de tu vida, cercada de cariño,
       las penas y el dolor.

Ahora todo canta, perfuma o ilumina;
ahora todo copia tu faz alabastrina,
       y se parece a ti;
aspiro los perfumes que brotan de tu trenza,
y lo que en tu alma apenas como ilusión comienza,
       es voluntad en mí.

¡Ah! deja las tristezas al nido abandonado,
las sombras a la noche, los dardos al soldado;
       los cuervos al ciprés.
No pienses en los triste que sigiloso llega;
los mirtos te coronan, y el arroyuelo juega
       con tus desnudos pies.

1880

SIEMPRE A TI

A ti, tan sólo a ti, canta mi lira:
ahogar quiero la voz de mi garganta,
pero es en vano, que por ti suspira,
y trémula de amor tu nombre canta.

Perdona. sí. mi sueño y mi delirio;
perdona tanto amor, tanta ternura;
mi alma expira en los brazos del martirio
y canta, como el cisne, su amargura.

Bien sé que tú no escuchas mis querellas,
bien sé que tú a mi amor llamas quimeras,
y con tus plantas inclemente huellas
la casta flor de mi pasión primera.

Comprendo que tu amor que tanto anhelo
es sueño de mi loca fantasía,
porque nunca el gusano llega al cielo,
nunca se une la noche con el día.

Yo sé que la desgracia me acompaña
y sé que tu existencia es de ventura;
ninguna nube tu horizonte empaña
y yo bebo la hiel de la amargura.

Mas, ¿qué quieres que haga dicha mía,
si el triste corazón nunca te olvida,
si en ti piensa mi loca fantasía
y enlazada a la tuya está mi vida?

¡La voluntad!... ¡Palabra mentirosa!
¡Quimérico poder del albedrío!
Yo siento que me impulsa poderosa
la mano helada del destino impío.

Si mientras lucho más por olvidarte
crece más de mi amor el ansia fuerte!
¡Si aunque yo no lo quiera he de adorarte!
¡Si te he de amar, mi bien, hasta la muerte!

El llanto amargo que por ti derramo
crece de mi amor el vivo fuego.
Mientras más me desprecias, más te amo;
mientras más me desdeñas, más te ruego.

Bien sé que con mi amor te causo enojos,
sé también , que tú nunca has de quererme,
y que jamás tus celestiales ojos
amorosos y tiernos han de verme.

Mas no por eso de mi amor la llama
se extingue como chispa pasajera.
de tu desdén el rayo más la inflama
y se convierte en espantosa hoguera.

Que no es mi amor ligero sentimiento
que dura sólo lo que dura un día,
la esencia es de mi propio pensamiento
y el ambiente vital del alma mía.

¡Si pudiera olvidarte! ¡Si pudiera
borrar del pensamiento tu memoria,

ha largo tiempo que arrancado hubiera
la página más triste de mi historia!

  ¡Mas no!... Si yo jamás quiero olvidarte,
aunque me cause tu desdén dolores!
¡Yo siempre quiero con locura amarte,
y morir cuando mueran mis amores!

  Yo no quiero las sombras del olvido
del alma que muere fúnebre sudario;
por más que el corazón solloce herido,
quiero tocar la cumbre del calvario.

  Despréciame; aborrece, si lo quieres,
este amor que encendiste, vida mía,
el triste corazón que siempre hieres
morirá bendiciendo su agonía.

  Por eso siempre a ti vuela mi acento,
por eso el alma con amor te nombra;
quiero regar tus huellas con mi llanto,
y quiero darte mi alma por alfombra.

                     1876

TRISTISSIMA NOX

A Manuel A. Mercado

I

¡Hora de inmensa paz! Naturaleza,
Entregada en las horas de la noche
A insomnes trasgos y fantasmas fieros,
Breves instantes dormitar parece
En espera del alba. Cae el viento.
Con las alas inmóviles, en tierra:
Duerme la encina; el lobo soñoliento
Se tiende dócil y los ojos cierra.

Es el inmenso sueño, el sueño breve
Que no agitan las lluvias torrenciales,
Y sólo turban, en el duro invierno.
Lentas lloviznas ó menuda nieve.
Es el inmenso sueño: paso á paso
La pantera que ha poco devoraba
A la misera res, busca en silencio _
El hediondo cubil; ya no se oye
De la culebra rápida el silbido,
Y entre grandes lumbradas, que alimentan
Las rajas crepitantes de la encina,
Recuéstase el viajero de los bosques
Aliado de su vieja carabina.

Todo reposa: por los aires huye,
Tras diabólica bruja, el ágil duende
Se aproxima la luz, el mal concluye,
Suben las almas y la paz desciende.

II

La noche es formidable: hay en su seno
Formas extrañas, voces misteriosas;
Es la muerte aparente de los seres,
Es la vida profunda de las cosas.

Dios deja errar lo malo y lo deforme
En las sombras nocturnas : de su encierro
Salen brujas y fieras y malvados;
En el dormido campo ladra el perro,
Maulla el gato negro en les tejados.
Pueblan el aire gritos estridentes:
Ya de infeliz mujer es el quejido,
Ya el trote de caballos invisibles
Ó de salvaje hambriento el alarido;
Plegarias, maldiciones y sollozos;
Cantos de bardo; cláusulas tremendas
De indignado profeta; el grito agudo
De las aves nictálopes que pasan;
El balar de la oveja en cuya nuca
El leopardo feroz las uñas hinca;
El confuso rumor de la hojarasca
Que remueve el venado cuando brinca:
Choque de escobas que en el aire azotan
Las malévolas brujas, y clamores
De dolientes espíritus que flotan
Como cuerpos de niebla entra las flores;
Todo en violento remolimo sube
Y al viajador errante aterroriza;
Todo en el aire negro se propaga,
Cuaja la sangre y el cabello eriza!

Bocas sin cuerpo gritan en la sombra;
Cruje la puerta de reseca tabla;
Los diablos llaman, el pavor nos nombra,
El monte quiere huir y el árbol habla.

III

La noche es formidable: las pupilas
Que en su profunda obscuridad se abren
Aparecen sangrientas en el lobo,
De amarillo color en la lechuza.

Todas despiden luces infernales
E iluminan la marcha silenciosa
Del gato montaraz y los chacales
La astuta comadreja y la raposa.

Sólo el fósforo brilla: en esos ojos
Que ardientes lucen como vivas fraguas,
En los fuegos errantes de los aires,
En las ondas plomizas de las aguas.

Cuando la luz expira, el color duerme:
Lo que vive en la sombra es negro ó pardo.
Tiene las cerdas ásperas del oso
Ó las manchas obscuras del leopardo.
Las plumas de los pájaros nocturnos
Con la densa tiniebla se confunden,
Y cual delgadas láminas, hirsutas,
En la carne se hunden.
Cuanto en la noche tenebrosa alienta
Es tardo en el andar, torpe en el vuelo
La serpiente lucífuga se arrastra;
En el alto ciprés se para el buho;
El cuervo acecha; lo que vuela baja,
Y, cautelosa, la terrible hiena

Despacio marcha y vigorosa encaja
Las garras inflexibles en la arena.

IV

La noche no desciende de los cielos,
Es marea profunda y tenebrosa
Que sube de los antros: mirad cómo
Aduéñase primero del abismo
Y se retuerce en sus verdosas aguas.
Sube, en seguida, á los rientes valles,
Y, cuando ya domina la planicie.
El sol, convulso, brilla todavía
En la torre del alto campanario,
Y en la copa del cedro, en la alquería,
Y en la cresta del monte solitario.

Es náufraga la luz: terrible y lenta
Surge la sombra: amedrentada sube
La triste claridad á los tejados,
Al árbol, á los picos elevados,
A la montaña enhiesta y á la nube!
Y cuando al fin, airosa la tiniebla
La arroja de sus límites postreros,
En pedazos, la luz, el cielo puebla
De soles, de planetas y luceros!

V

Y con ellas se van la paz amiga,
La dulce confianza, el noble brío,
De quien, alegre, con vigor trabaja;

Y para consolarnos, mudo y frío,
Con sus alas de bronce el sueño baja.

Entonces todo tímido se oculta:
En el establo, los pesados bueyes;
En el aprisco, el balador ganado;
En la cuna pequeña, la inocencia;
En su tranquilo hogar, el hombre honrado,
Y el recuerdo impasible, en la conciencia!

Mil temores informes y confusos
Del hombre y de los brutos se apoderan;
En la orilla del nido, vigilante.
El ave guarda el sueño de su cría
Y esconde la cabeza bajo el ala;
El noble perro con mirada grave
Interroga la sombra y ver procura;
Los caballos, piafando, se encabritan
Y con pavor ó sobresalto evitan
Los altos montes y la selva obscura.

Si en la extensa llanada le sorprende
Con su cortejo fúnebre la noche,
El potro joven á su hermano busca
Y en su lomo descansa la cabeza.
Todo tiende á juntarse en esta hora,
Todo en la vasta soledad se hermana,
Hasta que la alegre, la triunfal diana
En el áureo clarín toca la aurora!

VI

También el alma se compunge ¡oh noche!

En tu ébano profundo. ¡Cuántas fieras,
A tu favor alzándose, ya graznan
Como torvas lechuzas; ya semejan
Endriagos fabulosos: ora rugen,
Ora con voz tristísima se quejan.
Son los sueños: habitan las cavernas
Invisibles del aire, ó bien se ocultan
Dentro del propio ser; la luz evitan,
Y para ser visibles y palpables
El fondo de la noche necesitan.

Se acercan: con sus garfios y tenazas
De retorcido bronce, al lecho llegan,
Y á nuestra boca, trémula de espanto,
Labios helados y viscosos pegan.
Éste, iracundo, con sus pies de cabra
Las sábanas araña; aquél, riendo,
Muestra los agudísimos colmillos;
Ése, felino monstruo, nos contempla
Con sus enormes ojos amarillos.

Ya el toro rebramando nos persigue
Ya, vivos, en la fosa nos entierran;
Ya, como el ave, rápidos hendemos
El aire tenue, cuando abrupto flanco
Destroza nuestras alas y caemos
Al fondo pedregoso del barranco.

Otras veces también, sombras dolientes
Por soberano astrólogo evocadas,
Pasan ante los ojos impacientes
Las figuras amadas;
La madre que del seno de la fosa

Nos llama, y acorrerla no podemos;
El padre ausente, la culpable esposa
Que en otros brazos iracundos vemos!
Y si en lienzo obscuro se perfila
La casta sombra de la amada muerta,
Huye el sueño veloz de la pupila,
Y el dolor, sollozando, se despierta!

VII

En medio de la horrible pesadilla
Trazan, á veces, los traviesos duendes
Grotesca historia, lances inconexos,
Figuras que parecen retratadas
En espejos convexos.
Como frisos de gnomos que entrelazan
Canijas piernas, en tumulto cruzan
Enanos retozones que se abrazan
Y en el aire sus miembros desmenuzan.
Ata nuestra garganta férreo nudo,
Y entre el bullicio de la turba loca
Sentimos del murciélago velludo
Las repugnantes alas en la boca.

VIII

Cuando al enfermo espíritu no asaltan
Pueriles y fantásticos terrores,
Basta para amargar nuestra vigilia
El recuerdo tenaz de los dolores.
En tanto que la luz el cielo inunda,
Dormitan en sus celdas los recuerdos;
Mas, como hileras de callados monjes

Que el claustro cruzan y á rezar maitines,
Calada la capucha, entran al coro,
Así, ceñudos, los recuerdos vienen
Cuando la noche lúgubre promedia,
Y torvos junto al lecho se detienen
Levantando sus cantos de tragedia.

IX

¡Ah! ¡Con cuánta ansiedad espera el alma,
Como el árbol y el pájaro, la hora
Que sobresaltos y temores calman,
Luctuosa madre de la rubia aurora!
También la prisionera, la cautiva
Del miserable cuerpo, luz desea,
Como la flor que en sótanos obscuros,
Buscando la enrejada claraboya,
Trepa difícilmente por les muros.

Un sosiego infinito se difunde
En alcobas y campos: el enfermo
Cierra, por fin, los párpados cansados;
Y la esposa, que vela diligente.
Ahogando los sollozos de su pecho.
Deja ya de rezar, dobla la frente,
Y duerme fatigada al pie del lecho.

Todo es blando rumor: en la cornisa
La golondrina matinal gorjea,
Y alegre llama á la primera misa
La aguda campanita de la aldea.
Cerrado está el cancel, la iglesia obscura;
Pero ya se oye en la pequeña nave

La tos cascada del anciano cura
Y el rechinar de la vetusta llave.
Se aproxima la luz: el gallo canta:
Pronto a primer agudo cacareo
Otro en la casa próxima contesta,
Y luego cien y mil: la ranchería,
Las dispersas cabañas, los corrales,
Elevan la sonora greguería
Con que saludan el albor del día
Los vigilantes gallos matinales.
A la voz de la alondra, en los encinos
Los zenzontles contestan los pinzones
Con las tórtolas charlan en los pinos,
Y en el fresno rebullen los gorriones.
El leñador, de cuyo fuerte cincho
El hacha cuelga, deja su cabaña;
Y suena y se propaga en la montaña
De los nobles caballos el relincho.
El toro lentamente se endereza,
Alza el testuz, sacude la cabeza,
Y prorrumpe en mugido prolongado.
Corre el ágil lebrel. Madrugadores,
Se alejan los alegres cazadores
Por los límites verdes del poblado.

X

  ¡Oh luz! ¡oh claridad ! ¡oh sol ! ¡oh día!
A ti se vuelve la creación entera!
De tu mirada brota la alegría;
De tu beso nació la primavera!
No apareces aún y ya presiente

Tu aparición la tierra jubilosa:
Escucha tus pisadas en la cumbre
Del nevado volcán; por cada poro
Quiere absorber la matinal frescura,
Y en tanto Venus sus pestañas de oro
Abre curiosa en la celeste altura.

No apareces aún, y todo canta!
Impaciente la vida ya despierta,
Más temprano que el alba se levanta
Para esperarte ¡oh virgen! en la puerta.
Te precede el perfume: los jilgueros
Se empinan en las ramas temblorosas,
Y tus heraldos, leves y ligeros,
Van derramando perlas en las rosas!
En la alcoba que aun tan sólo espías.
Bocas enamoradas cuchichean,
Y en los encajes de la luz que envías
Almas de nuevos seres aletean.
Solícitas bajando por las lomas
A la luz del lucero matutino,
Corren las brisas esparciendo aromas
En la atmósfera azul de tu camino.
Y como lluvia de purpúreas flores
Caída de las pálidas estrellas,
Bajan los sueños lúbricos, de amores,
Al lecho virginal de las doncellas!

XI

¡Oh luz! ¡oh claridad! ¡oh sol ! ¡oh día!
La tierra, como casta desposada
Que espera, en el umbral de la alquería,

De blancos azahares coronada,
Púdica y amorosa se estremece;
Los níveos brazos en el pecho junta,
Y con trémula voz, que desfallece,
Por su amado á los céfiros pregunta.

  ¡Vas á llegar! Estremecida y muda
La novia espera en el hogar abierto;
Y con voz formidable te saluda
El soberbio elefante en el desierto.
El carro solitario de la Osa
Halla en el mar incógnita guarida,
Y, vencedora al fin, surges radiosa
¡Oh luz! ¡oh claridad ! ¡oh sol! ¡oh vida!

1884

ÚLTIMA NECAT

¡Huyen los años como raudas naves!
¡Rápidos huyen! Infecunda Parca
pálida espera. La salobre Estygia
calla dormida.

          ¡Voladores años!
¡Dado me fuera detener convulso,
horas fugaces, vuestra blanca veste!
Pasan las dichas y temblando llegan
mudos inviernos...

         Las fragantes rosas
mustias se vuelven, y el enhiesto cáliz
cae de la mano. Pensativa el alba
baja del monte. Los placeres todos
duermen rendidos...

         En mis brazos flojos
Cintia descansa.

VERSOS DE ORO

De F. Coppée

Por rubios trigales de espigas doradas
Al soplo primero del mes tentador.
Iremos buscando las cosas aladas.
Las áureas abejas, los versos de amor.

Los pinos enhiestos sus copas levantan.
Yo ciño tu talle de esbelto bambú;
Oigamos, mi vida, las cosas que cantan.
Yo ritmos sonoros y pájaros tú.

Siguiendo el arroyo donde ávidas toman
Frescura las aves después de volar.
Iremos buscando las cosas que aroman
Y versos y rosas podremos hallar.

Amor, si lo quieres, haré que ese día
La luz resplandezca cual nunca lució.
Seré yo poeta, y tú poesía,
Tú serás más bella, más amante yo!

1882

ÍNDICE

www.ingramcontent.com/pod-product-compliance
Lightning Source LLC
Chambersburg PA
CBHW051825040426
42447CB00006B/370